공영방송과 대통령 권력

: 민주주의를 위한 권력과 언론 규범론

공영방송과 대통령 권력

: 민주주의를 위한 권력과 언론 규범론

초판 발행 2024년 8월 28일

저 자 최 영 재

발행인 최 양 희

발행처 한림대학교 지식미디어센터

24252 강원특별자치도 춘천시 한림대학길1(옥천동 1-1)

출판등록 제48호(1983. 3. 10.)

전화번호 033) 248-2875 팩스 033) 248-2809

전자우편 press@hallym.ac.kr

홈페이지 https://press.hallym.ac.kr/press

편집·인쇄 도서출판 산책

24227 강원특별자치도 춘천시 우두강둑길 185

전화번호 033) 254-8912

전자우편 book8912@naver.com

값 24,000원

ISBN 978-89-6402-092-0 (93070)

본 저서는 '2021 한국방송학회 - 지에스리테일 방송/영상 분야 저술 출판 지원'에 의해 수행되었습니다.

공영방송과 대통령 권력

: 민주주의를 위한
권력과 언론 규범론

최 영 재 지음

한림대학교 지식미디어센터

서문: 이 책을 쓴 이유

공영방송의 자유 독립을 許하라!

공영언론의 독립성은 민주주의의 척도이다

이 책은 민주화 이후에도 정치권력, 구체적으로는 대통령 권력의 지배적 사슬에서 벗어나지 못하고 있는 공영방송KBS, MBC과 공영언론(연합뉴스 등)의 정치적 독립을 추동하기 위한 것이다.

대한민국 공영언론은 정치권력으로부터 자유로운 적이 없었다. 1987년 민주화를 이루고 헌정사상 처음으로 정권교체도 일어났지만 공영언론에는 자유와 독립의 봄이 찾아오지 않았다. 교체된 정권에 의한 '낙하산 인사!' 자유민주주의 사회에서 구시대의 유물로 사라진 엽관제獵官制, Spoils System 폐습이 민주화 35년이 지난 대명천지 대한민국 사회에서 버젓이 자행되고 있다.

민주화 이후의 민주주의? 최장집 교수가 20년 전에 던진 화두에 한국사회는 답을 하지 못하고 있다. 보수든 진보든 정권이 바뀔 때마다 동원된 권력기관의 온갖 꼼수 편법에 의해 공영언론 사장들이 끌어내려지는 모습이 대낮에 온 국민에게 생중계된다. 이런 국제적 망신과 창피가 따로 없다. 차라리 정교한 대의명분이나 엄청난 막후공작 노력이라도 있었더라면 나았을지 모른다. 선진국이 됐다면서, 글로벌 K-컬처가 자랑스럽다면서, 이런 노골적이고 야만적인 후안무치厚顔無恥한 민주주의 파괴행위를 언제까지 인내하고 지켜봐야 할까?

'털어서 먼지 안 나는 사람 있나~~'

데자뷰Déjà vu, 어디서 봤던, 들었던 기억. 시간을 거슬러 30년 전쯤 1994년 5월 중순 나는 연합뉴스와 YTN 경영을 맡았던 현소환 사장을 모시고 13박 14일간 미국과 캐나다 출장 중이었다. 정부 허가를 받은 뉴스채널 YTN의 개국 준비를 위한 출장이었다. 애틀랜타에 들러 톰 존슨Tom Johnson CNN 사장과 미팅하고 뉴올리언스의 미국 케이블TV 협회NCTA 컨벤션과 캐나다 몬트리올의 케이블TV 박람회에 참가하는 등 빠듯한 일정이었다. 몬트리올의 호텔로 기억되는데 현 사장은 며칠 동안 잠자는 시간 빼고 같이 다녀서 친근감을 느꼈는지, 나를 방으로 불러 갑자기 특종 거리에 가까운 이런 증언을 했다.

"어디, 털어서 먼지 안 나는 사람 있나…." 당시 김영삼 대통령의 최측근이었던 홍인길 청와대 총무수석(1993-95)이 이런 말을 하며 사장 자리에서 물러나라고 압박했다는 것이다. 1991년부터 시작된 3년 임기의 연합뉴스 사장 자리와 YTN 사장에서 동시에 물러나라는 압력이었던 것으로 이해한다. 현 사장은 "그래, 어디 털어 봐라. 먼지 하나 나오나 봐라"하며 버텼다고 하셨다. 실제로 김영란법이 시행되기 한참 전인데도 현 사장은 1만 원 이상의 선물을 받지 않는 원칙을 실천한 덕분인지 끈질긴 청와대의 사퇴 압력에 굴하지 않고 버티다 YTN 사장 임기 3년을 마치고 물러났다.

'털어서 먼지 안 나는 사람 있나'는 민주화 이후 보수, 진보 가릴 것 없이 역대 모든 정권이 이전 정권에서 임명된 공영방송 사장들을 내쫓고 자기 사람으로 낙하산 교체하기 위해 흔든 협박용 카드였다. 방식은 참으로 야만적이었다. 역대 대통령들은 (대통령 권력으로부터 독립적이어야 할) 감사원과 국세청, 검찰과 경찰 등 권력기관을 대놓고 동원해 이전 정권 사람들을 '탈탈 털어서' 내쫓았다. 공영 언론사 내부 반대 세력들도 가세해 있는 추문 없는 추문을 만들어서 망신을 줘 불명예 퇴진하게 만들기도 하였다. 이명박 정권에 의해 해임된 KBS 정연주 사장 등 상당수 인사들은 해임 무효 소송에서 승소해서 명예는 회복되었으나, 이미 게임은 끝난 상황. 이런 합법을 가장한 위법, 탈법 행위는 정권이 바뀔 때마다 반복되면서 더 교묘해지기도 하고 이제 무모, 무도, 무법의 탄압 방식도 나타났다.

공영방송 사장 낙하산 인사 관행

"분리 독립운동이라도 해야 할까. 그놈의 정치권력은 좀처럼 공영방송을 놔줄 줄 모른다. 공공의 것인 공영방송을 자기 정파의 것으로 만들려는 야만의 정치가 되풀이되고 있다. 보수든 진보든, 여든 야든 공영방송을 정치권력의 볼모로 잡고 흔들어 왔고 지금도 그러고 있다. 그 결과 우리 공영방송은 정치권력에 철저히 예속돼 정치적으로 독립할 줄을 모른다. 정권이 바뀌면 정치적 코드에 맞춰 사장과 임원이 바뀌고 권력기관을 취재하는 기자들도 물갈이된다. 이런 후진적인 악습이 반복되면서 공영방송 보도의 정권 편향성 시비는 전혀 해결되지 못했다."

탄핵으로 물러나 옥고를 치른 박근혜 전 대통령의 임기 초반인 2013년 12월 중순 서울신문에 기고한 필자의 칼럼의 일부이다(10년 전 글인데, 불행하게도 지금 내도 모를 정도다).

한국에서 1980년대 말 민주화 이후 정권이 교체될 때마다 대통령들은 '언론을 통제해서도 통제할 수도 없다'는 식으로 언론자유와 독립을 공약했다. 박근혜 전 대통령도 선거 과정에서 공영방송 지배구조 독립성 개선을 약속했다. 그러나 역대 모든 대통령처럼 집권 전과 후는 확연히 달랐다. 박근혜 정부는 출범 직후 국회에 방송공정성특별위원회를 만들어 공영방송 지배구조 개혁 방안을 추진하는 듯했으나 용두사미 흐지부지되었다. 정권에 의한 공영방송 사장 낙하산식 임명 관행을 시정하기 위해, 이사회 이사 3분의 2의 찬성으로 사장을 선출하는 '특별다수제' 도입도 검토됐지만 예상대로 당시 여당인 새누리당의 반대로 채택되지 못했다.

헌정사상 최초의 대통령 탄핵과 민주적 촛불집회를 기반으로 2017년 5월 취임한 문재인 대통령. 드디어 해묵은 공영방송의 정치적 종속 문제를 일거에 해결할 수 있는 절호의 기회가 바로 문재인 대통령 때 찾아왔다. 여당이 된 더불어민주당이 야당 시절에 이미 특별다수제에 의한 사장 선출을 통한 공영방송의 정치적 독립을 실현하는 내용의 방송법 개정안(박홍근 의원안)을 발의했고 문 대통령은 대선 기간 이의 실천을 공약했으며, 보수 진영도 지지하고 있었기 때문이다.

문재인 대통령은 착한 사람이었지만 무능한 정치인이었다. '공영방송의 정치적 독립'을 이룬 대통령으로 기록될 역사적인 기회를 전혀 의식하지 못한 채, 누구의 말을 들었는지 '특별다수제는 우리 현실에 안 맞는다', '무색무취한 사람이 공영방송 사장이 되면 안 된다'는 등 엉뚱한 얘기를 늘어놓으며 '소중했던' 모처럼의 여야 합의안을 흘려보냈다(대통령 권력이 공영방송 사장 선임에 개입해서는 안 된다는 것이 합의안의 핵심 취지이다).

언론자유를 위한 착한 권력은 없다! 착한 정치인 문재인은 공영언론을 지배하고자 하는 권력의 유혹적인 욕망에 굴복하여 무책임한 배신을 했고, 그것의 후과後果는 예상보다 컸다. 문재인 정부의 '내로남불' 식 적폐 척결 몰이는 공영 언론사 내부 조직에 적용되어 전임 정부에서 '부역'했던 구성원들을 척결하는 움직임이 야만적인 권력투쟁처럼 전개되면서 공영방송 구성원 간 내홍과 극심한 분열, 혐오를 겪어야 했다. 문재인 정권과 교감을 이룬 '낙하산' 임원진으로 채워진 공영언론들은 문재인 대통령 임기와 대선 기간 민주당 정권에 유리한 편파적인 보도를 했다는 혐의를 받게 된다. 그것이 빌미가 되어 0.73퍼센트포인트 차이로 집권한 윤석열 정권에 의한 보복 조치를 당하고 있는 것이 요즘의 공영언론이 처한 형국이라고 할 수 있다.

독립 행정기관 장악과 법제도 약탈 현상

2023년, KBS 공사 창립 50주년, YTN 창사 30주년이 되는 해이다. 윤석열 정부는 전임 문재인 대통령 시기 임명된 KBS, MBC, YTN 등 공영방송사 사장들에 대해, 검찰과 경찰, 감사원을 동원한 의혹 제기와 비리 털기 작업을 벌였다. 그러나 감사원의 KBS 감사 결과는 '별 이상 없음'으로 나왔고, MBC 사장의 개인 비리 의혹은 애당초 사안 자체가 시시했는지 더 이상 말이 이어지지 못한다.

그러자, 정권은 전기요금과 병합 징수했던 KBS 수신료를 분리 징수하도록 하는 재정압박 카드를 무리하게 추진했다. 결국 인위적으로 여권이사 다수로 개편된 KBS 이사회는 2023년 9월 김의철 사장을 강제 해임하고, 대신 대통령과 사적 친분을 가진 인물로 알려진 박민 문화일보 논설 위원을 사장에 앉혔다. 김 사장은 해임 취소 소송에 들어갔다. (문재인 대통령 때는 인위적인 KBS 이사회 재편을 통해 전임 정권에서 임명된 고대영 KBS 사장을 2018년 1월 해임했고 고 사장은 2023년 6월 해임 처분 취소 소송에서 최종 승소했다.)

YTN은 전임 문재인 대통령 시기 임명된 사장 및 임원진의 퇴진이 여의치 않자 아예 YTN 매각 카드를 꺼내 들어 불도저처럼 추진해 강제 '민영화'했다. MBC는 방송문화진흥회 이사회와 사장 교체 시도가 법원의 제지로 일단 실패한 뒤, 편법적인 방송통신위원 구성을 통해 재차 인위적인 방문진 이사 교체 추진했고, 결국 MBC 민영화가 목표라는 음모론도 나온다.

이 과정에서 독립적으로 운영되어야 할 방송통신위원회와 방송통신심의위원회는 지배 권력에 포획되어 합의제 등 민주주의 원칙을 내팽개치고 유례없는 '방통위 2인 의결 체제', 정권에 비판적인 MBC에 대한 표적 심의, 과잉 심의, 청부 심의를 하면서 지배 권력에 봉사하는 도구로 전락했다. 부끄러운 일이다.

결국은 '권력 관리'의 문제

공영언론의 정치적 종속의 근본적 원인은 대통령 권력의 문제, 즉 제어되지 않고 관리되지 않는 대통령 권력의 문제로 귀결된다. 지금 공영방송과 연합뉴스 등 공영적 언론과 관련된 모든 정치적 사단은 대통령 권력의 부당한 개입의 결과 빚어진 것들이다.

한국에서 역대 대통령은 강도와 방법의 차이는 있었지만, 예외 없이 언론통제를 가했다. 초대 이승만으로부터 최근 윤석열에 이르기까지 역대 대통령 권력은 언론 독립과 자유를 지지하고 보호하기보다 언론을 규율, 통제, 심지어 장악하려 하였다. 민주화 이후에도 스스로 민주화하지 못한 대통령 권력은 민주주의 공고화에 기여하지 못하고 오히려 민주주의 퇴행을 불러왔고, 그것의 연장선상에서 공영언론을 지배, 장악하려는 퇴행적 욕망을 표출해 왔다. 관리되지 못한 대통령 권력은 리더십의 실패와 국정 실패, 그리고 민주주의의 퇴행을 불러왔으며, 그 과정에서 공영방송의 부당한 지배의 나쁜 관행이 고쳐지지 못하고 답습되었다.

또한 정치권력의 공영방송 종속화 과정의 소용돌이에서 공영방송 노조 세력들도 어느새 스스로 정치 권력집단화하는 우愚를 범하고 말았다. 공영방송 노조가 정권의 낙하산 인사에 저항하는 한편 언론 자유와 독립의 가치에 부응하는 사실 보도 원칙에 충실했다면 좋았을 것이다. 정권교체와 '적폐 청산' 기류에서 노조 세력이 그토록 저항했던 정권의 낙하산 인사 폐습에 편승하여 경영 권력을 차지한 것은 언론 자유와 독립 규범과 너무도 동떨어졌다. 권력을 감시하고 권력으로부터 독립해야 할 언론이 부당한 정치권력과 싸우다 스스로 권력화해 버린 것이다. 공영방송의 노조 세력은 권력과 거리두기를 하지 못해 대통령 권력과 마찬가지로 '권력 관리'에 실패했다.

결국 공영방송의 정치권력 종속화 문제를 해결하기 위해서는 대통령 권력, 대통령 권력이 되려는 정치세력, 그리고 정치 권력화한 노조 세력 모두가 공영방송을 영향력 아래에 두려는 불순한 욕망을 거두는 데 합의하고 실천해야 한다. 2024년 현재 세력 간의 권력 다툼으로 이상하게 Weird 돌아가는 공영방송 제도 운영이 바로 서려면, 윤석열 대통령과 국민의 힘, 그리고 민주당이 서로가 공영방송에 손을 떼는 합의안을 만들고 실천해야 한다. 공영방송 구성원들 또한 정권과 싸우다 스스로 정치 권력화한 부분을 반성하고 사실 보도에 충실한 언론 본연의 길로 되돌아와야 한다. 그것이 민주주의를 위한 정치권력의 규범, 언론 규범이다. 그것이 민주공화국 대한민국 국민들의 뜻이다.

이 책의 목표와 구성

이 책의 목표는 궁극적으로 대통령 권력을 비롯한 정치권력, 그리고 정치 권력화한 노조 세력을 포함한 사회세력으로부터 공영방송의 명실상부한 독립을 추동하기 위한 것이다. 이를 위해 이 책은 첫째, 한국의 공영언론을 부당하게 통제하고 있는 대통령 권력의 문제를 민주주의를 위한 권력 규범 관점에서 고찰하고 대통령 권력의 민주화 개혁 방안을 모색했다. 둘째, 공영방송을 포함한 한국 언론의 문제를 (1) 정치권력과 (2) 시장 (3) 포털플랫폼 기술에 포획 문제로 규정하고, 민주주의를 위한 언론 규범 관점에서 대통령 권력을 비롯한 시장, 기술로부터 독립적인 한국언론의 언론 자유 실천 방안을 제시했다. 구체적인 탐구 주제와 목차 구성은 다음과 같다.

먼저, [제1부. 윤석열 시대, 퇴행적 리더십과 언론통제 정책]은 윤석열 대통령 리더십 실패의 후과後果, 즉 나쁜 결과와 원인과 함께 그것이 탄압과 통제의 언론 정책을 낳은 배경, 그리고 남은 임기의 그의 리더십 과제를 제안했다(제1장). 제2장에서는 윤석열 정부의 언론통제 정책이 과거 독재정권으로 회귀하는 계보적 특성이 있음을 비판하고, 윤 대통령의 통제적 언론 정책은 무능한 통치를 은폐하는 것으로 시대착오와 위헌성 탓에 실패로 귀결 날 것으로 진단했다.

[제2부. 공영방송의 정권 종속화와 지배구조 독립 방안]은 한국 공영방송의 정권 종속화의 역사적 기원과 과정, 결과를 고찰하고(제3장), 제4장에서는 공영방송의 종속과 독립에 관한 경험적 사례와 선행 연구, 관련 이론의 검토를 통해 공영방송의 독립 방안을 제시했다. 특히 공영방송의 정권 종속화 문제에 관하여, 보수 정권과 진보 정권은 모두 공영방송을 자기편에 두려는 음습한 욕망을 가진 '공모자'였음을 밝히고, 따라서 지금 정부 · 여당과 야당은 공영방송 종속에 관한 공모적 책임이 있음을 고백하고, 공영방송 지배구조 독립에 관한 여야 합의안을 만들어 실천할 것을 촉구했다.

[제3부. 뉴스채널과 대통령 권력]은 뉴스채널 YTN과 연합뉴스TV의 공영적 정체성 형성 과정과 대통령 권력의 지배 욕망과의 타협과 갈등의 역사를 논하고(제5장), 제6장에서는 윤석열 정권에 의한 YTN 매각의

절차적 정당성 문제를 따지고, 국내 정치의 변동과 세계 뉴스채널의 동향 분석을 통해 향후 뉴스채널의 미래 시나리오를 전망했다.

[제4부. 대통령 권력과 한국언론: 민주주의를 위한 규범적 역할]은 1, 2, 3부에서 다룬 대통령 권력과 한국언론의 관계에 관한 세부 주제들을 민주주의를 위한 대통령 권력 규범과 언론 규범 이론의 관점에서 종합했다. 먼저, 제7장에서 민주화 이후 한국 대통령의 권력 관리의 문제를 민주주의 퇴행의 관점에서 논하고 대통령 권력의 민주화 개혁 방안을 제시했다. 제8장에서는 민주화 이후 한국 언론의 문제를 권력과 시장, 기술(포털 플랫폼)에 의한 포획 관점에서 분석하고, 민주주의를 위한 언론 역할 규범 이론에 입각하여 한국언론의 언론 자유와 독립, 공정성 가치 구현의 방안을 제시했다.

감사의 말

나는 대한민국 최초의 뉴스채널 YTN 설립(1992-1995)과 제2의 뉴스채널 연합뉴스TV 설립(2009-2010) 과정에서 산파의 역할을 한 특별한 경험을 가지고 있다. 1992년 연합뉴스 입사 4년 차 기자로서 'YTN 추진단' 3인 창단 멤버로, 전 세계 뉴스 채널들과 미디어 정책 기관 30여 곳의 '신사유람'을 바탕으로 YTN 채널 설립과 경영 편성 제작 계획의 밑그림을 그리는 작업을 하였다. 2010년에는 한림대 미디어스쿨 교수로 봉직하던 중 연합뉴스 대주주인 뉴스통신진흥회 이사로 선임되어 '연합뉴스TV' 설립을 발의할 수 있었고, 개국 준비 과정에서 제2 뉴스채널의 정체성과 경영 및 편성 제작 전략 수립에 참여했다.

이 책은 당초 이같은 대한민국 양대 뉴스채널에 관한 필자의 직접 경험을 토대로 '한국 TV 뉴스채널의 기원과 전개 과정, 전망을 비망록 형식으로 엮어내려는 기획을 두고 있었다. 그런데, 집필 과정에서 윤석열 정부가 등장하여 YTN 매각을 추진하고 공영방송 지배구조와 관련하여 전례 없는 관련 제도와 규범을 파괴하는 현상을 목도하게 되었다. 그리하여 이 책의 주제는 공영방송과 대통령 권력의 문제로 확장할 수밖에 없었다.

나는 1989년 연합뉴스(당시 '연합통신') 기자로 입사하자마자 노조에서 공정 보도위원회 활동과 낙하산 사장 퇴진 파업에 참여했던 사회 초년병 시절 경험 때문인지 언론 교육 및 연구자가 되어서도 공영언론의 정권 종속의 문제를 주요 연구 주제로 삼아 왔다. 미구에 이 주제를 대통령 권력과 한국언론의 관계 역사 차원에서 정리하는 것을 숙제로 여기고 있었던 참이었다.

나는 이 책에서 논의하고 싶은 문제들을 지난 20여 년간 나의 저작들 속에서 서술한 바 있다. 나의 박사학위 논문에서 시작한 '대통령의 이슈 관리 리더십-언론의 대통령 보도-시민들의 반응과 참여'의 대통령과 언론, 시민의 3각 관계에 관한 나의 논문들, 그리고 대통령 권력과 공영방송 지배구조, 연합뉴스와 YTN의 공영적 정체성, 그리고 언론 자유 규범과 언론 규제 정책, 한국 언론인의 직업적 정체성 위기와 언론자유를 위한 기자들의 삶의 조건 등에 관한 연구들이 그것이다. 따라서 내가 이미 출판한 저작들 속에 있는 개념적 아이디어나 문장들이 이 책에 필요하다고 느낄 때는 약간의 수정을 가한 형태로 인용을 달아 이 책의 적재적소에 옮겨 놓았다.

이 책 내용의 상당 부분은 2004년 한림대 미디어스쿨에 부임한 이후 거의 매년 개설한 〈대통령과 언론: 이슈 관리〉 강의를 하면서 학생들과 대화를 통해 얻은 영감, 아이디어, 통찰력에서 비롯된 것이다. 최근 개설한 〈한국언론사〉와 〈미디어법과 윤리〉 과목에서 소위 MZ세대 학생들의 신선한 역사 감각과 법규범 의식에서도 영감을 얻은 바 적지 않았다. 이 자리를 빌려 지난 20년간 〈대통령과 언론〉을 수강한 '레거시' 학생들과 최근의 신세대 수강생들에게 감사와 안부의 인사를 전한다.

이 책은 '2021 한국방송학회-지에스리테일 방송/영상 분야 저술 출판 지원' 사업의 도움을 받아 수행되었음을 밝힌다. 집필 과정에서 '위기적 고비'를 넘겨야 했던 필자의 건강상 문제로 인한 출판 기한의 상당한 연기를 인내, 배려해 주신 학회 집행부와 지원기관의 관계자분들에게 심심한 감사 인사를 드린다.

막바지 최종 출판을 승인한 김명준 한림대 도서관장(지식미디어센터장)과 출판부 관계자 여러분, 그리고 언어도단의 예산 상황에서 꼼꼼한 교정과 섬세한 편집 디자인 감각으로 멋진 책을 만들어 준 원미경 대표와 구윤민 정은미 편집자 등 춘천의 도서출판 산책 편집팀 여러분께도 고마움을 전한다.

마지막으로, 가장 중요한 감사 인사는 이 책이 나오기까지 나의 몸과 마음 건강의 우여곡절을 기꺼이 함께 겪고 감내해 준 나의 사랑하는 배우자 장석영 카타리나에게 드려야겠다. 고맙습니다. 사랑합니다.

2024년 8월

최영재

차례

제1부 윤석열 시대, 퇴행적 리더십과 언론통제 정책

제1장
윤 대통령의 리더십 실패 : 권력의 규범일탈 현상

제2장
윤석열 정부의 언론통제 정책의 계보학

제2부 공영방송의 정권 종속화와 지배구조 독립 방안

제3장
공영방송의 정권 종속화 기원, 과정, 결과

제4장
공영방송의 자유 독립 방안

제3부 뉴스채널과 대통령 권력

제4부 대통령 권력과 한국언론: 민주주의를 위한 규범적 역할

제7장
민주화 이후, 대통령 권력의 문제

제8장
민주화 이후 한국언론의 문제

제1부

윤석열 시대,
퇴행적 리더십과
언론통제 정책

“민주주의가 건강하게 돌아가고 오랫동안 이어지기 위해서는 성문화되지 않은 규범이 헌법을 뒷받침해야 한다. 지금까지 두 가지 기본적인 규범이 오늘날 우리가 당연시 여기는 미국 사회의 견제와 균형을 유지해왔다. 그 두가지 규범이란 정당이 상대 정당을 정당한 경쟁자로 인정하는 상호 관용mutual tolerance과 이해understanding, 그리고 제도적 권리를 행사할 때 신중함을 잃지 않는 자제forbearance를 말한다.”

레비츠키와 지블렛 (Levitsky & Ziblatt, 2018, 15),
《어떻게 민주주의는 무너지는가》

제1장

윤 대통령의 리더십 실패 : 권력의 규범일탈 현상

'대통령 권력은 취약하다weak'

리처드 뉴스타트, 《대통령 권력》(1990)

1

윤석열 정부 2년, 리더십 실패의 후과(後果)

1) 정치의 실패: 22대 총선 참패의 의미

정치 경험이 전무한 윤 대통령은 취임부터 '레임덕lame duck'으로 시작해서 총선 참패로 '데드 덕dead duck' 신세로 전락, 남은 임기 3년 안에 탄핵 또는 중도 사임 가능성도 있다는 얘기도 나온다.

윤석열 대통령은 2024년 4월 10일 22대 총선의 참혹한 패배로 취임 이후 2년의 국정운영에 대한 낙제점의 성적표를 받게 되었다. 22대 총선의 결과가 외견상으로 국민의 힘의 패배이지만 실제로는 윤석열 대통령의 참패로 보는 게 타당할 것이다. 선거가 대통령 심판론 구도로 전개되었고, 선거 국면에서 파장을 일으킨 이슈들은 김건희 특검법, 이종섭 전 국방부 장관 호주 대사 임명, 황상무 전 시민사회수석의 회칼 테러 발언, 윤 대통령의 대파 875원 발언, 의대정원 2천 명 고수 등 주로 대통령실발 이슈였기 때문이다. 선거기간 윤 대통령의 지지율 36%, 총선 직후 지지율은 23%로 하락했다.[1] 반면, 국민의 힘 지지도는 큰 변화가 없었다.[2]

1 윤 대통령의 지지도는 한국갤럽 기준, 2022년 5월 취임 초 50%를 넘었지만 취임 두 달이 안 된 6월 말에 부정평가가 긍정평가를 앞서 '취임덕(취임+레임덕)'이라는 말이 나왔고, 취임 세 달째인 8월 1주에는 24% 저점을 찍었다. 집권 2년 차에는 평균 지지도가 30%대 초반에 머무르다, 2024년 22대 총선 직후 4월 19일 한국갤럽이 발표한 윤 대통령 직무 긍정 평가는 취임 이후 최저치인 23%로 추락했다.

2 국민의 힘은 총선결과, 의석수가 비례 포함 108석, 민주당의 175석에 비해 69석의 차이가 나지만, 득표율에서 총 45.1%로, 민주당 득표율 50.5%와 5.4% 포인트 차이밖에 나지 않는다.

현대정치에서 대통령 지지도는 단순한 업무 수행 평가점수를 넘어서 대통령의 원활한 국정 수행을 위한 동력이 되는 정치적 자산political asset으로 여겨진다.(Neustadt, 1990) 국정 운영 2년의 결과, 윤 대통령은 지금 위기를 돌파하고 변화를 만들어낼 수 있는 정치적 자산이라할 수 있는 평판reputation, 신망public standing, 설득력persuasion 자산을 거의 소진해 버렸다. 회복가능성resiliency이 제로에 가깝다는 점에서 질 나쁜 결과다. 애초부터 평판과 신뢰의 정치적 자산을 축적하는 전략과 노력이 없었다는 점에서 리더십 실패와 국정 실패는 예정된 것이라고 할 수 있다.

문제는 남은 임기 동안 지지도를 반등시킬 정치적 상황 조건이 형성되거나 의지를 가지고 만들 수 있을 것인가이다. 언론과 정치권에서는 4년 중임제 개헌 논의, 야당과 연정 또는 협치 방안 등을 제안하고 있지만 과연 윤 대통령이 이런 혁신적인 제안을 받아서 추진할 만한 정치력과 리더십 역량을 가지고 있는지 의문이다. 김건희 특검, 해병대 채상병 외압 특검 등 자칫 탄핵으로 이어질지 모를 치명적인 아킬레스건 사건들도 대통령의 결단을 방해하는 요인이 될 것이다.

그럼에도 야당과 반대 세력이 원의를 가질 수 있는 대통령 탄핵의 가능성은 희박한 편이다. 박근혜 대통령 탄핵 당시 지지도 5%, 새누리당 12%와 비교해서, 윤 대통령 지지집단이 최소 약 25%, 국민의 힘 득표율 45%라는 점을 감안하면, 매우 결정적인 사유가 나타나지 않는 한, 윤 대통령은 '레임덕' 상태나마 임기를 채울 가능성이 높을 것이다.

2) 민주주의 퇴행과 국정 실패

윤 대통령의 잘못된 권력사용으로 인한 민주주의의 후퇴는 명백하다. 스웨덴의 제2의 도시에 위치한 예테보리 대학의 〈민주주의 다양성 연구소〉는 매년 전 세계 민주주의 보고서를 발표한다. 2024년 보고서는 한국 사회가 윤석열 대통령 취임 이후 독재화autocratizing가 진행 중인 것으로 진단했다.(V-Dem Institute, 2024) 민주화 이후 한국의 민주주의에 대한 평가에서 '독재화'라는 표현이 등장한 것은 처음이다. 독재화의 징후로는 전임 문재인 정부 인사들에 대한 강압적인 처벌과 성평등에 대한 공격, 정부의 미디어 검열, 비판 언론인의 억압과 괴롭힘, 공영방송의 장악 등을 꼽았다.(Kim, 2023)

매년 세계 각국의 언론자유 지수와 순위를 발표하는 국경없는 기자회RSF는 2024년 한국의 언론자유지수가 64.87점으로 세계 62위라고 밝혔다. 문재인 대통령 시기인 2018년 이후 40위대를 유지했지만, 윤석열 정부 집권 2년 만에 60위대로 추락한 것이다. RSF는 '민주주의 국가에서 공격받는 언론의 자유'라는 부제 아래 한국 사례를 언급하며, "한국에서는 몇몇 언론사가 명예훼손 혐의로 정부로부터 기소 위협을 받았다." 특히 "2022년 집권당인 국민의 힘은 윤석열 대통령의 명예를 훼손했다는 이유로 기자들을 고발했다."고 지적했다.

정치학계에서 윤석열 정부 시기 민주주의 퇴행[3]을 진단한 연구도 있다. 권혁용(2023)의 연구는 윤석열 대통령에 의한 민주주의 퇴행 현상이 발생했다고 분석했다. 퇴행의 근거는 첫째, 대통령 권력에 대해 민주적 견제와 균형을 하는 대표적 기구인 의회를 약화하고 무력화했다는 점. 둘째, 야당 대표에 대한 집요한 검찰 수사 및 야당 당사 압수수색 등 야당 괴롭히기를 했다는 점. 셋째, 대통령이 "주사파 용공 세력은 협치의 대상이 아니다"라는 언명처럼 경쟁 상대를 존중하지 않고 불인정했다는 점에서 민주주의 퇴행 징후가 나타났다는 것이다.

윤 대통령의 집권 2년은 민주주의 퇴행뿐만 아니라 역대 최악의 국정 수행 결과를 보여줬다. 세계적으로 민주주의 퇴행의 대표적 사례들은 흥미롭게도 민주주의 퇴행을 이끈 집권자에 대한 시민 대중의 지지가 상당히 높은 것으로 나타났다. 이들 집권자가 합법적 수단을 동원해서 민주주의 가치와 규범, 제도를 서서히 무너뜨리면서도 부패와의 전쟁, 빈곤으로부터의 탈출, 경제 발전 등 민생 이슈에서 성과를 냈기 때문이다.(권혁용, 2023) 이런 점에서 윤석

3 정치학자 낸시 버메오(Nancy Bermeo, 2003)는 합법적으로 선출된 집권자가 민주적 수단을 활용해 민주주의의 가치와 규범, 작동원리를 잠식해 가는 현상을 가르켜 민주주의 퇴행이라 불렀다. 그 특징적인 징후는 행정부 권력 증대와 야당 괴롭히기다. 행정부 권력의 자의적 행사를 견제하는 입법부와 사법부를 약화하고, 정치적 경쟁자인 야당을 부패집단 또는 악의 무리라는 프레임을 씌워 수사-기소라는 매뉴얼을 적극적으로 활용한다. 버메오는 민주주의가 붕괴하는 원인은 주로 양극화된 대중 정치(polarized mass politics) 때문이라는 일반적인 가설을 무너뜨리고 민주주의의 위축과 붕괴에 대한 책임은 일반 시민들이 아니라 명백하게 권력을 농단하는 엘리트집단에 있음을 보여줬다.

열 대통령의 리더십은 민주주의 퇴행과 함께 국정 실패도 기록하는 총체적인 정치적 무능의 특징을 드러냈다고 할 수 있다.

3) 국가행정기관의 독립성 훼손

민주주의는 권력의 부패를 견제하는 제도라고 할 수 있다. 그래서 민주정이 유지되는 조건으로 독점권력에 대한 견제와 감시를 위한 입법-사법-행정의 삼권분립과 감사원, 검찰, 언론 등 독립기구의 필요성이 강조된다. 헌법은 국가생활에 필요로 하는 국가기관을 구성하고 이들에게 일정한 권한을 부여하면서 상호 간에 견제와 균형이 유지될 수 있도록 하여 국가권력의 자의적 행사나 권력의 남용을 통제하려는 '권력 제한 규범성'을 가지고 있다.(임지봉, 2019)

윤석열 대통령에 의한 민주주의 퇴행 현상 중에 가장 치명적인 것은 독립적인 행정 기구들을 권력이 장악하고 정파적 이해 추구를 위해 이들 기관들을 동원했다는 점이다. 검찰총장 출신의 윤석열 대통령의 권력정치는 때로는 대통령실에 대한 견제와 감시 역할을 해야 하는 국가기구인 검찰, 경찰, 감사원, 사법부, 국가인권위원회까지 포섭, 장악함으로 스스로 권력 남용과 부패 가능성을 열어 놓아 버렸다.

이명박, 박근혜 정권, 그리고 문재인 정권에서 없었던 것은 아니지만 윤석열 정권하에서 더욱 강력하게 더욱 노골적으로 대통령 권력이 검찰, 경찰, 정보기관, 감사원, 국세청 등 핵심 권력기관을 동원하여 야당을 괴롭히고, 비판적인 언론들을 공격하는 사례가 빈번하게 발생했다.

특히 윤석열 정부 들어, 방통위와 방심위, 그리고 KBS 이사회의 장악, 그리고 뉴스타파의 김만배 녹취록 보도와 MBC의 '바이든 날리면' 보도 등 대통령 관련 언론보도에 대한 검찰과 경찰의 언론 압수수색, 방심위와 선거방송심의위원회의 정파적 자의적 심의의 남발 등은 '사유화한 대통령 권력에 의한 법과 제도의 약탈'이라는 비판을 받았다.

윤석열 대통령에 의한 국가권력기관 및 행정기관의 지배권력 예속화는 현재진행형의 문제와 함께 엄청난 후유증을 남길 것이 분명하다. 대대적인 개혁의 대상이 될 것이고, 그래야 할 것이다.

2 윤 대통령의 리더십 실패의 원인

1) 권력 기반의 취약성에 대한 몰이해

'0.73% 포인트 차이'의 정치적 의미

22대 총선참패 이후 윤 대통령의 국정운영 실패에 대해, 국민의 힘 내부뿐만 아니라 보수 진보 가릴 것 없이 언론들은 일제히 '대통령의 오만과 불통', '대통령의 일방통행식 국정', '무책임·즉흥 국정' 등 대통령 개인의 불통의 리더십 문제를 지적했다. 총선 후 정치적인 폐색 상황을 극복하기 위해서는 '변화와 소통의 리더십', '야당과의 협치', '중립내각 구성', '민주당과 대연정', '분권형 개헌' 등 과감하고 혁신적인 일들을 해야 한다고 주문했다.

사실 윤 대통령은 정권 출범 시기부터 처한 정치상황을 고려하면 야당과 협치, 언론과 우호적 관계가 진작 필요했다. 윤 대통령은 대선 때 불과 0.73% 포인트 차이로 승리했다. 반대와 견제, 겉으로는 성공 기원을 얘기하지만 내심 실수와 실패를 바라는 경쟁세력이 절반에 육박한 셈이다. 여기에 검찰총장 출신으로 갑자기 대통령이 된 윤 대통령은 정치경험이 전무하고 보수정치에도 뿌리가 없어 현실적인 정치 기반이 너무나 취약했다. 그러니까 헌법 등 관계법률상, 그리고 관행상 윤 대통령의 권한과 권력은 막강한 듯 보이나, 현실적인 대통령 권력, 즉 뉴스타트(Neustadt, 1990, 12.)의 정의에 따르면, '정부활동에 대한 개인의 실질적 영향력'으로서 대통령 권력은 한계가 명확했던 것이다. 이렇게 실질적인 권력 기반이 취약한 상황에 있는 대통령이 성공적인 국정운영을 하기 위해서는 야당과 연정을 하거나, 최소한 의회, 언론, 시민단체, 공중 등 이해관계자들과 권력분점을 통한 협력 협치 관계 형성이 불가피하다(유럽의 내각책임제, 미국의 대통령중심제에서 여소야대 상황에서 상시적으로 일어나는 일이다).

그러나 '어쩌다' 대통령이 된 윤 대통령은 근소한 차이의 대선 승리가 '운명'이 아니라 단지 행운에 의한 것이라는 사실을 망각한 듯, 대통령 권력의 취약성에 따른 경쟁적인 야당과 협치의 불가피성, 비판적인 언론을 포용하고 협조를 구할 필요성 등을 이해하거나 실천할 의지나 준비가 전혀 되어 있지 못했다. 윤 대통령은 마치 70퍼센트 이상 지지를 얻은 대통령 마냥, 또는 입헌군주제의 제왕이 된 것처럼, 거의 모든 분야에서 본인의 생각을 함부로 이야기하고 국민적 동의도 없이 독단적으로 추진해 버리고, 무소불위의 권력을 휘둘렀다.

물론 0.73% 포인트 차이로 당선된 대통령이 야당과 권력을 분담하고 반대자들과 소통하는 것은 정치적 규범과 윤리라할지라도 이를 강제할 수는 없는 노릇이다. 포용과 소통의 정치는 마키아벨리식 능수능란한 정치역량을 가진 '현실적인' 정치인에 의해 실현될 수 있는 덕목이다.(Nye, 2013) '승자독식' 체제에서 초집중 독점적인 대통령 권력을 스스로 자제하고 권력분점과 협치의 길을 선택하는 것은 결코 쉬운 일이 아니다. 한국에서 전임 대통령들은 예외 없이 과도한 독점적 권력을 행사한 결과 뒤끝이 좋지 못했다. 그럼에도 행운으로 당선된 '어쩌다' 대통령의 현실적인 권력 기반의 취약성에 대한 몰이해가 승자독식에 의한 권력 독점을 넘어, 견제와 균형을 위한 민주적 제도와 규범을 파괴하는 지경에 이르게 된 것은 윤 대통령의 리더십에 포악성과 같은 문제가 내포돼 있었음을 시사한다.

뉴스타트 교수의 '대통령 권력의 취약성 이론'

'대통령 권력의 취약성weakness' 미국 프랭클린 D. 루스벨트부터 로널드 레이건까지 60년간 8명의 미국 대통령의 성공과 실패의 리더십 사례를 경험적으로 분석한 명저 《대통령 권력》를 관통하는 핵심 주제이다. 저자 리처드 뉴스타트(Richard Neustadt, 1990)는 대통령 권력은 어떤 것도 혼자서는 원하는 것을 얻기가 어려운 취약성weakness을 가지고 있기 때문에, 성공적인 국정수행을 원하는 대통령은 의회, 행정부, 이해집단, 언론, 공중, 그리고 외국 등 이해관계자들과의 널리 협력관계를 구축하고 상호작용을 통해 평판, 신망, 설득력 자산을 쌓지 않으면 안 된다고 반복해서 강조하고 있다.

특히 견제와 균형, 권력분점의 민주주의 체제에서, 대통령은 이해관계자들과 이익과 권리를 나눠 가져야만 그들의 협력을 얻어낼 수 있고, 이 과정에서 대통령의 장래 영향력을 확대 유지함으로써 중요한 장단기 국가과제를 성공적으로 수행할 수 있다. '그들의 이익을 생각하고, 그들의 권리를 생각하고, 그들에게 정당한 몫을 주어라, 그리고 그렇게 하는 것을 알려라.'(Neustadt, 1990, 26)

대통령 권력은 경쟁적이고 비판적인 세력들과 이익을 주고받는 교섭과 협상 과정에서 형성되는 것이기 때문에 경쟁세력과의 교섭 없이는 대통령 리더십은 결코 성공할 수 없다는 것이다.

대통령이 이해관계자와 협력과 교섭 없이는 성립하기 어려운 권력의 취약성을 망각하고 야당 선거사무실을 도청하거나(닉슨), 보복성 사법개혁안 추진(루즈벨트), 대통령실에서 부도덕한 행위(케네디) 등 권력남용이나 윤리적 문제를 일으키게 되면 대통령의 평판과 신뢰 자산을 훼손하여 리더십 위기에 빠지거나, 총체적인 국정 실패로 귀결한다는 것이 뉴스타트의 관찰이다.

2) 대통령의 성격 문제

독선적 기질과 민심이반

윤 대통령의 국정 실패와 민주주의 퇴보는 바꾸기 어려운 대통령의 성격character과 독선적인 리더십 스타일에 기인하는 것이어서 예후가 좋지 않다. 대통령의 성격(자기 표현방식, 관리 스타일, 자기존중감, 타인에 대한 반응, 인내심과 관용 등)은 다른 요인 보다 대통령의 업무수행의 성공 여부를 예측하는 정확한 변수로 간주돼 왔다.(Barber, 2020; Buchanan, 1987, 137-186)

경청의 미덕이 결여된 대통령의 기질temperament의 문제는 여론과 민심을 읽는 데 실패하는 심각한 '민심이반out-of-touch' 현상으로 쉽게 연결된다. 대통령은 지지도가 오를 때는 자화자찬을 하고, 지지도가 하락할 때는 신경 쓰지 않는다며 무시하려 든다. 심각한 이탈이 일어날 때는 상대편의 조작 때문이라고 몰아붙이고, 자기 당내 충성적인 지지집단에만 협소하게 집중하는 경향을 보이는데, 이것은 민심이반으로 실패한 대통령들의 전형적인 태도이다.(Towle, 2004)

대통령의 전제주의적 행동 징후에 대해 여당 내부의 견제와 비판 기능이 작동될 필요가 있을 텐데, 윤 대통령의 개인적인 기질상 대통령실 비서진이나 관계 부처 전문가의 다른 의견의 개진을 용인하지 않는 성향이 있다고 알려져 있다.

"권위 의식은 윤석열 리더십의 근본적 문제다. 취임 초 주변에서는 '대통령이 '컨보이(convoy · 경호차 행렬)'를 너무 좋아한다'

는 말들이 나왔다. 참모들에게 버럭 하는 경우도 적지 않다고 한다. 그래서 대통령실 주변에 '오대수'란 은어가 돈다. '오늘도 대충 수습하고 간다'는 뜻이다. 이래선 어떻게 소통이 가능하겠는가?", "'50분'이란 별명(회의 내내 본인이 말한다는 비유)이 붙을 정도로 경청보다는 가르치려 드는 대화 스타일도 바꿔야 한다."

(이기홍, 2024. 4. 19. 동아일보)

상식적이고 합리적인 민주적 공론장이 사라진 상황에서 제왕적 대통령 개인의 '기질temperament'과 '심사'와 '말씀'에 따라 한나라의 정치와 정책의 방향이 조변석개하고 예상치 못한 후폭풍 상황이 반복되었다. 일본 후쿠시마 원전 핵오염수 방류 두둔 입장, R&D 예산삭감, '킬러문항' 발언과 대학입시 변화, 공영방송 수신료 분리징수 폐지, 해병대 수사 VIP '격노' 외압 의혹, 의대입학정원 갑자기 2천 명 증원, 피의자 신분의 국방장관의 호주대사 임명 등 복잡하고도 중요한 정책이 신뢰하기 어려운 대통령 개인의 직관이나 '격노' 기질에 의해서 결정됐다는 너무 많은 정황들이 있다(대통령 개인의 독선적 결정이 없었다면 지불하지 않아도 됐을 경제적 사회적 기회비용을 계산한다면 거의 천문학적인 금액에 이를 것이다).

윤 대통령의 오랜 검찰조직 경험과 독선적인 기질이 결합하여, 독립성과 상호 견제 균형 원리로 작동되어야 할 의회와 언론, 감사원, 검찰과 경찰 등 권력 감시기관을 자기 사람들로 교체해서 장악 지배하는 반민주주의적 권력 행사를 하고도 아무런 문제의식을 갖지 못하는 것으로 보인다.

J. Barber 교수의 '대통령 성격 이론'

듀크 대학교 정치학 교수인 제임스 바버(Barber, 2020)는 대통령의 성격이 그의 세계관과 스타일과 공명하면서 국가 정치의 방향에 깊은 영향을 미친다는 대통령 성격과 리더십 이론을 발표했다. 바버 교수의 대통령 성격 이론[4]에 따르면, 능동적-부정적 성격의 대통령 유형은 국정 실패를 부르는 위험한 캐릭터로 이런 사람을 대통령으로 뽑지 않도록 주의해야 한다. 이 유형에는 공격적이고 예측 불가능한 행동 패턴을 보이는 트럼프와 타협 없이 고집스럽게 정책을 밀어붙이다 낭패를 당한 윌슨, 후버, 존슨, 닉슨 대통령이 포함된다. 능동적-부정적 성격 유형의 특징은 ① 국가 정책을 개인의 절박한 권력 욕구와 자아 존중감 향상과 혼동하고 문제에 강박적으로 집착하는 경향이 있으며, ② 세상을 위험하고 불확실한 곳으로 보고, 이러한 위협에 대처하기 위해 항상 긴장하고 경계하는 태도를 유지하고, ③ 인간을 약자와 탐욕스러운 자로 나누는 경향이 있으며, 사회적 인과 관계를 이해하려 할 때 음모나 혼돈으로 설명하는 경향이 있다.

국정의 실패, 리더십의 실패를 부른 윤 대통령의 성격은 어느 유형에 속할까?

---

4 바버(Barber, 2020)는 대통령 성격 유형을 능동적-긍정적(F.루즈벨트, 트루먼, 케네디), 능동적-부정적(윌슨, 후버, 존슨, 닉슨), 수동적-긍정적(태프트, 하딩), 수동적 - 부정적(쿨리지, 아이젠하워)로 구분하고 각각의 유형을 다음과 같이 설명했다. "능동적 긍정적 대통령은 결과를 가장 많이 성취하고 싶어한다. 능동적 부정적은 권력을 얻고 유지하려고 한다. 수동적 긍정적은 사랑을 추구한다. 수동적 부정적은 시민의 미덕을 강조한다."

3) 이슈 관리의 실패

이슈관리 능력이 국정성패 좌우

대통령은 제1의 의제설정자agenda setter로서 국정 주요 이슈를 전략적으로 다루는 역량을 갖춰야 한다. 이슈관리 능력은 대통령이 자신의 정치적 자본을 극대화하고, 불확실성을 관리하며, 자신에게 유리한 환경을 조성하는 데 중요한 도구로 작용한다. 대통령의 성공 여부는 주로 이슈를 어떻게 정의하고 프레이밍하는지에 달려 있으며, 이를 통해 의회와 국민의 지지를 확보할 수 있다.(Edwards, 2009; Light, 1999)

윤 대통령의 취임 이후 '대통령실 용산 이전'부터 '이태원 참사', 최근의 '해병대 채상병 수사 외압' 사건까지 거의 모든 국정과제 및 중요 사건이 투명하고 합리적인 의사결정에 의해 문제해결과 성과도출이 이뤄지지 못했을 뿐만 아니라, 체계적인 이슈관리가 되지 못한 채 '날 것'으로 공중에 노출되다 보니, 거의 모든 이슈가 공적인 사안이 아니라 '스캔들'이 되어 버린다.

박근혜 대통령의 '세월호 참사' 이슈 관리 실패 사례처럼, 위기를 기회로 전환할 수 있었던 '이태원 참사' 이슈 관리에 실패함으로써 정권에 지속적인 부담이 되고 있다. 아슬아슬한 대통령의 '실언'행진은 대통령실의 메시지 관리 체계의 부재를 말해 주고 있다. '바이든-날리면', "UAE의 적은 이란", "일본이 100년 전 역사 때문에 (용서를 구하며) 무릎을 꿇어야 한다는 생각을 받아들일 수 없다" 등 관리되지 못한 대통령의 '실언'은 셀 수 없이 잇따라 터진다.

대통령의 실언 예방도 그러하지만 사후 관리도 작은 실언 사건으로 끝낼 수 있는 사안을 정치적 스캔들로, 때로는 국제적인 망신거리로 만들어 버렸다. '대통령의 말'은 전혀 관리되지 못했다. 대통령은 개인이 아니라 제도로서, 대통령의 말, 행동(심지어 생각까지도)도 관리될 필요가 있다.

역대 최고의 언변능력을 가지고 있었던 노무현 대통령도 "대통령 못 해 먹겠다."와 같은, 관리되지 않은 '대통령의 말'로 수난을 겪었다. 그럼에도 그때는 보수언론의 부당한 말꼬투리 잡기식 공격 보도 성향에서 기인한 바가 컸고, 그나마 노 대통령의 말은 논리적이고 묵직하고 도발적인 개혁적 메시지를 포함하고 있었다.

'헛소리(bullshit)' 커뮤니케이션의 문제

윤 대통령의 이슈관리에서 더욱 심각한 것은, 새겨들을 만한 대통령의 말이 별로 없는 '메시지의 빈곤' 문제이다. 그 이유를 대통령실 내부자들은 잘 알고 있을 것이다. 복잡하고 민감하고 전문적인 이슈에 대해 정부 안팎의 전문가 집단의 숙의를 거친 문제 정의와 해결책의 제시가 아니라, '오만과 독선', '만기친람', '마이웨이'의 대통령 개인의 고집스러운 생각이 이슈의 향방을 지배해 버리는 일이 너무 자주 발생한다.

미국의 정치 철학자 해리 프랭크퍼트(Frankfurt, 2005)는 정치인을 비롯한 사회 전반에 사실에 기반하지 않은, 본인도 무슨 소리를 하는지 모르는 '헛소리bullshit'가 너무도 만연해 있다고 지적한 바 있다. 이런 헛소리 담론은 팩트 체크도 없이 자신이 믿는 바를 외치는 탈진실post-truth 주장에 불과하기 때문에 사실 여부를 따질 수 있는 거짓말보다 나쁘다고 프랭크퍼트는 말한다.

윤 대통령의 커뮤니케이션 방식은 '자유', '민주주의', '전체주의' 등 이념적인 거대담론적 접근을 시도하곤 하는데, 사실에 근거한 주장, 구체적인 메시지에 이르지 못하여 공감과 설득을 얻는 데 대체로 실패하고 만다. 입장과 믿음을 공유하는 지지자들을 뭉치게 하는 효과는 있을지 모르나, 반대자 또는 중간지대의 사람들에게는 시대착오적인 헛소리 범주의 담론으로 받아들여질 가능성이 높다.[5]

또한 윤석열 정부는 비판 언론에 대한 사찰식 통제와 관리에 치중한 나머지 주요 국정과제의 능동적 추진에 필요한 적극적인proactive이고 지혜로운 이슈 관리는 제대로 시도 조차 못 하고 있는 것으로 보인다.

---

5 "민주주의에 대한 위협은 바로 우리의 자유에 대한 위협입니다. 민주주의의 위기는 바로 우리 자유의 위기입니다. 거짓 선동, 날조, 이런 것들로 민주주의를 위협하는 세력들은 독재와 전체주의 편을 들면서도 겉으로는 민주주의 운동가, 인권 운동가 행세를 하는 경우를 세계 곳곳에서 저희는 많이 봐 왔습니다. 이러한 거짓과 위장에 절대 속아서는 안 됩니다. 4·19혁명 열사가 피로써 지켜낸 자유와 민주주의가 사기꾼에 농락당해서는 절대 안 되는 것입니다."(윤석열 대통령, 제63주년 4.19혁명 기념식 기념사). 이 연설은 경쟁 세력을 공격하려는 대통령의 심사를 이해할 수 있으나, 공감할 만한 메시지를 발견하기는 어렵다.

F. D. 루즈벨트 대통령의 2차세계대전 참전 이슈관리 사례

루즈벨트는 미국의 외교정책을 변경해야 한다는 사실을 알았지만 그 임무는 벅찼다. 1938년 미국의 경제규모는 거의 세계 경제의 26%에 이르는 수준이었다. 루즈벨트는 그러한 경제력으로 중립을 벗어나서 영국과 프랑스의 항공기 생산을 지원하려고 했다. 그러나 미국 국민들은 내부의 힘을 정치적, 군사적 행동으로 변화하려는 정책을 지지하지 않으려고 했다. 1936년과 1937년의 갤럽조사에서 응답자의 70%가 2차 세계대전 참전은 실수라고 대답했다.

1940년 봄과 여름, 미국 국민의 10% 조금 넘게 해외 파병에 찬성한다고 응답했다. 이듬해에는 전쟁선언 지지율이 23%로 증가했다. 하지만 그때에도 대다수의 국민들은 반대했다.

1938년 루즈벨트는 그의 연설문 작성자인 사무엘 로즈먼에게 "당신이 이끌려고 할 때 주위에 따라오는 지지자가 아무도 없다는 것은 끔찍한 일이다."라고 말했다.

이후 3년 동안 루즈벨트가 공개적으로 비개입 교리에 집착하고 있었을 때, 그는 개인적 관심을 증가시키면서 동맹국들을 적극 지원하고 미국이 전쟁에 대비할 수 있도록 대책을 마련했다.(Nye, 65-66)

리더는 항상 자신의 주변을 관찰해야 한다. 그리고 민주주의에서 속도를 조절해야 한다. 그러나 지지자들이 반대 방향으로 행진한다면 무엇을 할 수 있을까?

경우에 따라서는 대중을 교육하기 위하여 위기를 조성할 수도 있다. 루즈벨트는 해상에서 많은 사건을 일으키려고 했다. 1941

년 가을, 독일 잠수함이 미국 구축함 그리어Greer 호를 공격했다는 주장과 같은 명백한 거짓말도 있었다.

말년에 루즈벨트의 딜레마는 일본의 진주만 기습과 히틀러가 동맹국들을 지원하면서 미국과의 전쟁을 선포하는 실수로 해결되었다.(Nye, 2017, 66-67)

● ● ●

엘리자베스 2세 여왕, 1966년 웨일즈 산사태 참사 대응 사례

1966년 웨일스의 에버판에서 산사태가 발생했다. 무너진 흙더미가 학교와 마을을 덮쳐서 아이들 116명과 어른 26명이 죽었다. 해럴드 윌슨 총리는 여왕에게 현장에 가서 주민을 위로해 달라고 부탁했으나, 여왕은 가려고 하지 않았다.

"내가 정확히 무엇을 하기를 바라나요?"

"국민을 위로하기를 바랍니다."

"쇼를 하라고요? 군주는 그런 걸 하지 않습니다."

"누가 쇼를 하라고 했죠? 국민을 위로하라고 했습니다."

윌슨과의 대화를 통해 여왕은 자신이 해오던 의무의 의미를 알게 되었다. 여왕의 업무는 의무로 빼곡한데, 의무의 핵심은 연례행사에 참여하여 군주인 자신의 얼굴을 보여주는 것이 아니라 국민을 위로하는 것이라는 사실을 깨달았다. 그녀가 평생 가장 후회하는 일로 꼽은 것이 에버판 현장을 늦게 방문한 것이다. 위로하는 자는 군림할 수 없고, 군림하는 자는 위로할 수 없다.(윤영호, 2022. 9. 13.)

3 윤석열의 '법치'가 법치가 아닌 이유

1) '법의 지배' vs '법에 의한 지배'

윤 대통령은 수시로 '헌법정신'과 '법치'를 이야기한다. 그러나 그의 '법치'는 '법의 지배rule of law'를 뜻하는 원래의 법치와 전혀 결이 다르다. 《법의 정신》을 쓴 몽테스키외를 비롯한 해 법이론과 정치 사상가들이 말하는 법치(주의)는 ① 특권배제와 법 앞에 평등 ② 국가권력의 제한 ③ 개인의 자유와 권리 보호 등의 의미를 담고 있다. 법치주의의 수범자는 국민이 아니라 국가(공권력 담당자), 대통령이어야 한다는 것이다.(김현철, 2018, 31-32)

윤석열의 '법치'는 시민들의 준법을 강조할 뿐 대통령이 스스로 권력을 제한하는 노력을 보이지 않고 있다. 오히려 대통령 권력이 검찰과 경찰 등 공권력을 동원하여 개인의 자유와 권리를 침해하는 '법에 의한 지배rule by law'를 행하고 있다. 법의 다스림(법치) 속에서 권력이 자제하는 것 아니라 권력이 나서서 법을 이용해서 정치적 경쟁자와 집단을 탄압하고 비판 언론을 억압하는, 말하자면 법을 지배의 도구로 사용하는 것이 윤석열의 '법치'의 본질이다.

한나 아렌트(Arendt, 1958, 138)는 "담이 가족의 생물학적 삶의 과정과 소유를 보호하는 경계 역할을 하듯이, 고대 그리스부터 법률은 정치적 삶을 둘러싸고 보호하는 울타리였다."고 하였다. 윤 대통령의 '법치'에서 법은 시민의 삶을 보호하는 울타리인가? 아니면 정치적 경쟁세력을 물리치기 위한 검劍인가?

2) 윤석열의 '법치'와 책임 정치의 실종

윤석열 대통령의 '검찰을 동원한', '법에 의한 통치'는 지지자들에게 범죄 의혹이 있는 야당 정치인, 귀족 노조, 편파 언론 등을 수사, 처벌받게 하는 사법적 정의실현으로 받아 들여질지 모른다. 그러나 반대자들은 윤석열의 '법치'가 정치경쟁자를 부인하고 제거하고자 하고, 야당과 언론, 노동자의 기본권을 억압하는 대통령의 전제주의적 행동의 수단이 되고 있다고 비판하고 있다.

윤 대통령의 '법치(법에 의한 통치)'는 다음과 같은 한계와 문제점을 발생시킨다.

(1) 법이 권력을 제어하는 것이 아니라 권력의 편에 서 있다. 국가권력이 규범적으로 자기 제한, 자제forbearance되지 못한 상황에서 법은 권력남용과 전제주의적 행동의 '합법적인 수단'이 되기 쉽다(사법부에 대한 불신, 검찰개혁 요구가 높아지는 이유).

(2) 특권 배제하고 법 앞에 평등한 '법의 지배'와 달리 특권을 허용함으로써 불공정 시비에 휩싸일 수 있다. 대통령 가족과 검찰 구성원, 여당 정치인들은 검사의 '기소하지 않을 결심'에 의해 불공정한 특혜를 받는다.

(3) 자유와 인권의 신장이 아니라 반대로 위축시키는 억압적 '법치'가 되기 쉽다. 자유주의적 관점에서 자유의 위축은 경제적 번영과 문화적 활력을 저해한다.

(4) '법만큼만' 책임지면 되기 때문에, 책임정치의 실종 현상을 부른다. 리더십의 위축 현상을 부른다. 이태원 참사에 대해 정부의 책임은 '법적 책임'에서 멈추는 바람에 대통령에게 정치적 부담으로 남는다.(이춘재, 2023)

윤석열 대통령의 '법에 의한 통치'는 야당과 언론, 시민단체 등 반대 세력에 대한 억압과 통제의 수단으로 쓰이고 있음이 분명하지만, 이에 대한 대응은 쉽지가 않다. 말 그대로 '법에 따라서', '법대로' 정의를 실현했을 뿐이라고 변명하기 때문이다.

오늘날 대부분의 권력에 의한 정치적 억압은 실제로 법을 활용한 통치의 의미를 은폐한 채 형식적인 '법치주의'를 전면에 내세우는 특성을 가지고 있다. 법의 동원은 정치적 억압에 내장된 폭력성을 효과적으로 은폐하면서 권력관계에서 헤게모니 구조를 정당화하는 이른바 '영리한 억압smart repression'의 레퍼토리가 되었다.(Smithey & Kurtz, 2018) 대통령 권력의 억압적인 '법치'에 대응하기 위해서는 원래의 진정한 법치주의와 구별함으로써 지배권력이 은닉하고자 하는 억압의 본질과 폭력성에 대해 지속적으로 문제를 제기할 수밖에 없다.

4 '자유'가 자유를 억압하는 역설

1) 윤석열의 '자유'가 언론자유를 억압하는 이유

윤석열 대통령은 지나치다 싶을 정도로 '자유'를 외치고 다니는데, 어찌하여 언론 자유를 위시한 자유가 억압당하고 있다고 하는 것일까.

윤 대통령은 2023년 제63회 4.19혁명 기념식 연설에서 '거짓'과 '가짜', '사기꾼' 세력에 의해 자유와 민주주의가 위협받고 있다고 강조했다.[6] 하지만 언론학계 등 많은 비판자들은 민주적 가치와 제도, 자유를 위협하는 것은 대통령 당사자라고 말하고 있다.[7]

윤 대통령이 말하는 '자유'는 어떤 의미를 가지기에 대통령은 '자유'를 위협하는 세력이 있고, 그런 "민주주의 운동가, 인권 운동가 행세를 하는" 사악한 세력들로부터 '자유'를 지켜야 한다고 말하는 것일까. 또한 비판자들이 말하는 '자유'는 어떤 다른 의미를 가지기에 대통령이야말로 "민주적 가치와 제도가 다시

---

6 각주 5번의 내용(윤석열 대통령, 제63주년 4.19혁명 기념식 기념사).

7 "다시 민주주의를 공론의 장에 올립니다. 안착한 줄 알았던 민주적 가치와 제도가 다시 위협받는 상황입니다. 놀라운 사실은 이를 진두지휘하는 주체가 대통령 당사자란 점입니다. 더 놀라운 건 대통령 스스로 본인을 자유민주주의 신봉자라 여기고 있다는 착각입니다. 대통령은 특정 언론사의 배제를 넘어선 선전포고를 공공연히 감행하고 있습니다. 감사원과 검찰은 재승인 심사를 빌미로 독립성을 생명으로 하는 방송통신위원회 직원들에 대한 먼지털이 식 감사와 감찰을 넘어 합의제 행정기구의 의결 절차에까지 고강도 핀셋 감사와 감찰을 서슴지 않고 있습니다. 이로 인해 미디어 지형의 공공성은 절멸 직전에 처했습니다."(언론정보학회, 2023년 '언론과 권력'세미나 발문).

위협받는 상황"을 "진두진휘하는 주체"라고 말하고 있는 것인가. 이러한 담론 정황은 대통령과 언론-언론학자 간에 말해지는 '자유', 즉 윤석열 대통령의 '자유'와 언론 및 시민 개인의 '자유'가 서로 다른 의미의 자유를 지칭하면서 충돌하고 있음을 추정하게 한다.

윤석열 대통령과 지지자들은 윤 대통령이 자유민주주의를 수호하는 데 앞장서고 있고 다수의 힘으로 민주주의를 위기에 빠뜨리는 좌파 포퓰리즘 세력을 물리치는 데 힘쓰고 있다는 믿음을 가지고 있을 것이다. 윤 대통령의 '자유'가 신자유주의와 '경제적 자유'는 물론 영국 등 근대서양의 존 스튜어트 밀의 '자유'와도 같은 맥락이라고 말하는 우파 지식인도 있다.

반면 비판자들은 윤석열의 '자유'가 '국민 여러분', '세계 시민 여러분'을 주어로 하여 반복적으로 자주 구호로서 외치기 때문에 '자유'를 통해 무슨 말을 하려는지 알기 어렵고 또 공허하게 들린다고 말한다. '자유'가 양극화와 사회 갈등을 치유하고 도약과 빠른 성장을 가능하게 하는 과학 기술 혁신을 이루게 한다는 주장할 뿐 필연적 인과관계에 대한 설명 없이 논리적 점프를 한다.

윤 대통령의 '자유'는 대개 국가의 자유, 재벌의 자유를 지칭할 뿐 시민 개인이 경험하는 정치적 자유와 일상생활의 자유에 이르지 못한다. 또 '자유'의 실체를 파악하려면 자유의 반대편에 서 있는 부자유가 무엇인지, 즉 현재 누가 어떤 부자유 속에서 고통을 받고 있는지 설명해야 하는데, 대통령의 '자유'는 이에 대한 아

무 언급이 없다.(박복영, 2022. 5.19.)[8]

윤석열 대통령의 연설문에 나타난 자유 담론을 분석한 연구(김신영·류웅재, 2023)는 윤 대통령의 '자유'는 첫째, 한 · 미 · 일 진영과 북 · 중 · 러 진영으로 구분하여 위험한 편 가르기 식 진영 논리로서의 자유이고, 둘째, 기업의 자유로운 활동을 보장하는 규제 철폐를 통한 경제성장을 달성하는 시장 논리로서의 자유를 지칭하고, 셋째, 자유민주주의의 수호를 위한 강압적인 국가 개입과 통제를 정당화하는 지배 논리로서의 자유를 강조함을 발견했다.

한마디로 윤 대통령의 '자유'는 '자유민주주의' 체제를 옹호해야 하는 반강제적 자유를 지칭할지언정, 시민 개개인의 자유로운 삶, 그리고 언론의 자유로운 취재 보도 활동을 보장하는 기본권적 자유에는 관심이 없다. 윤석열의 자유는 자본주의를 옹호하는 재산권의 자유, 그리고 공산주의 북한과 대결하는 '반공'으로 대체해서 읽어도 좋을 것이다.

따라서, 자본주의와 반공과 직결되는 윤석열의 '자유'는 자유민주주의 체제를 수호하는 대통령과 정부를 비판하는 '좌파' 언론은 체제를 무너뜨리기 위한 정치공작을 하는 반국가적 언론

8 〈자유론〉의 저자 이사야 벌린(Berlin, 1969)은 진정한 자유주의자는 국가권력이나 사회세력으로부터의 자유를 추구할 뿐만 아니라 다른 이들의 부자유까지도 고려하는 윤리와 책임의 자유를 실천해야 한다고 역설한 바 있다.
"심지어 나는 러시아의 비평가 벨린스키(Belinsky)에 동조하여 다음과 같이 말할 용의도 있다. 즉, 만약 다른 사람들이 자유를 누리지 못한다면 - 내 형제들이 빈곤, 비참 및 사슬에서 빠져나오지 못한다면 - 그렇다면 나 자신 자유를 원하지 않겠다. 내 양손을 훼훼 저어 자유를 거절하고 내 형제의 운명에 동참하는 편을 단호히 택하겠다."(Berlin, 1969, 350).

으로서 '자유'의 이름으로 억압하고 타도할 대상이 될 수 있는 것이다.

2) '자유'가 타인에 대한 지배가 되는 경우

'소극적 자유' vs '적극적 자유'

이사야 벌린(Isaiah Berlin, 1968)은 논자들마다 다양한 의미를 가지고 있는 자유 개념을 소극적negative 자유와 적극적positive 자유, 두 가지 개념으로 나누어 역사적으로 또 민주주의와 전제주의, 전체주의 체제 등에서 자유가 얼마나 어떻게 실현되었는지 논의했다.

벌린의 자유의 두 개념에 따르면, 소극적negative 자유는 "주체가-한 사람 또는 일군의 사람이 - 다른 사람의 간섭 없이 스스로 할 수 있는 일을 할 수 있도록, 또는 스스로 될 수 있는 존재가 될 수 있도록 방임되어야 할 영역은 무엇인가?"질문에 대한 답에 해당하는 것이다. 정치권력이나 자본으로부터 개인의 자유를 주창한 J.M. 밀의 자유론이 대표적으로 소극적 자유 개념에 해당한다. 표현의 자유, 언론의 자유 등이 소극적 자유 영역에 포함된다고 할 수 있다.

반면에 적극적positive 자유는 "한 사람으로 하여금 이것 말고 저것을 하게끔, 이런 사람 말고 저런 삶이 되게끔 결정할 수 있는 통제 및 간섭의 근원이 누구 또는 무엇인가?" 질문에 대한 답에 해당하는 것으로 구분했다.(Berlin, 1968, 343-344)

개인 차원의 적극적 자유는 가령, 영혼의 노예상태로부터 벗어나 스스로 자신이 주인이 되어 자유를 추구하는 삶을 사는 것일

수 있다. 즉, 비합리적 충동, 절제되지 않은 욕망, 나의 낮은 본성, 즉각적 쾌락의 추구 욕망을 극복하고 자율적인 자아로 자유롭게 사는 것이다.

그런데 부족, 인종, 교회, 국가 등 하나를 이루는 사회적 실체가 "단일한 집단적 - 또는 "유기적"- 의지를 가지고, 말을 잘 안 듣는 "구성원"에게 전체의 의지를 부과하며, 그럼으로써 집단 자신 및 개별 구성원들을 위하여 "보다 높은" 자유를 성취"하려는 위험한 시도가 있어 왔다.(Berlin, 1968, 343-344) 벌린은 사회적 실체의 적극적 자유의 성취 시도가 개인의 소극적 자유를 무시하고 자칫 폭력이나 잔혹, 타인에 대한 지배로 이어질 수 있다고 경고하고 있다.

"자기들이 권력과 행동의 자유를 맘껏 구사하는 바로 그 순간에도 "적극적" 자유를 옹호하기 위해 "소극적" 자유의 개념을 거부한다는 것은 역사의 아이러니이다. 이러한 행동이 때로 정의가 아닐 수도 있고, 그 와중에 폭력이나 잔혹이나 타인에 대한 지배 등이 일어날 수도 있다."(Berlin, 1968, 377)

후쿠야마(Fukuyama)의 '자유민주주의'라면….

약간의 상상력을 발휘해서, 윤석열 대통령이 빈번히 언급하는 '자유민주주의' 사회에서 우리가 살고 있다고 치면, 그렇다면 윤석열 정부는 표현의 자유를 위해 어떤 역할을 해야 할까? 자유주의국가 이론가인 프랜시스 후쿠야마Francis Fukuyama는 언론의 자유에 대한 이해를 바탕으로 정부가 나서서 이를 보호하는 역할을 할 필요가 있다고 할 것이다. 의사 표현의 자유는 종종 정부 권력에 의해 위협받는다는 점을 유의하여 정부는 언론에 대한 권력사용을 절제하는 미덕을 발휘할 필요가 있다는 고언을 덧붙일 것이다.(Fukuyama, 2022, 215)

특정 언론사나 인터넷 포털플랫폼이 여론시장을 독과점적으로 지배하는 상황에 있거나 특정한 주장을 인위적으로 확장하는 형태를 보일 경우 특정 언론 행위자들의 의사 표현을 규제하는 것은 위헌적 요소가 있으므로, 우선적으로 독과점 방지법이나 경쟁 규제법을 통해 특정 언론의 영향력이 큰 규모로 축적되는 것을 막는 식의 자유민주주의 정부다운 적절한 정책적 대응을 할 것이다.

5 대통령의 리더십 과제 : 전략적 대통령 방안

1) 반민주적 리더십은 헌법적 저지로 실패할 것

상식과 공정, 보편적 정치규범에서 일탈한 윤석열 대통령의 리더십 스타일은 무탈할까? 절반이 훨씬 넘는 반대편 세력과 대의정당을 인정하지 않고 적대시하는 비민주적인 리더십은 당연하게도 국정 실패로 귀결됐다. 윤 대통령의 무절제한 권력 사용은 민주주의를 위한 제도와 규범을 약탈, 파괴하였고 양극화한 한국사회를 더욱 분열시켰다.

민주주의의 견제와 균형 원칙에 입각하여 최대한 독립적이어야 할 감사원, 법무부, 검찰, 경찰, 국가권익위원회, 방통통신위원회 등 독립행정기관을 모두 대통령 권력에 예속화했다. 심각한 대통령 권력의 사유화다. 그 결과 국가권력기관이 대통령과 집권세력을 위해 봉사하는 행정의 정치적 도구화 현상이 뚜렷하게 나타났다. 공영방송은 민주화 이후 최악의 언론탄압, 정권에의 예속 강요, 민영화란 이름의 매각 등을 경험해야 했다.

모든 조직의 운영에서 좋은 의도가 나쁜 결과로 귀결되는 경우는 흔히 발견된다. 윤 대통령의 리더십은 나쁜 의도가 나쁜 결과로 나타났다는 점에서 특별하다. 윤 대통령은 물론 좋은 의도를 가지고 임기를 시작했을 것이다. 지금도 좋은 의도로 국정 운영을 한다고 생각하고 있을 것이다. 그러나 권력의 취약성과 자유와 민주주의, 법치의 본질에 대한 무경험과 무성찰은 아마추어 수준의 좋은 국정 운영 의도를 무색하게 만든다. (두려운) 경쟁세력을 억압하고 파괴하려는 권력의 지배본능과 폭력성이 자제, 관리되지 않을 때, 대통령은 전제주의적 성향을 드러내고 조직과 사람을 장악하려는 나쁜 의도를 은폐하지도 못하고 드러내기 마련이다.

윤석열 대통령의 전횡적 권력사용에 의한 민주주의의 퇴행 현상은 분명하다. 그러나 한국 민주주의가 위기라고 볼 수는 없다. 민주화 이후 진전된 시민사회와 한국언론의 민주주의 역량은 권력남용 혐의의 대통령을 탄핵한 경험을 바탕으로 '어쩌다' 대통령의 '기이한' 권력사용에 경고 신호를 보내고 있고, 그 결과 허영적 교만으로 부풀려진 대통령 권력을 붕괴와 파멸의 길에 이르게 할지도 모른다.

대통령 권력의 공영방송 탄압 및 지배 욕망과 비판 언론 압수수색과 표적 심의도 헌법 제21조 표현의 자유 조항이 보호하는 언론의 자유와 독립 권리에 반하는 것이어서 결국 권력의 '나쁜 의도'는 성공하지 못 할 것이다.

2) 권력관리, 전략적 대통령이 필요한 때

대통령의 퇴행적 리더십 2년! 이제, 대통령과 야당 및 언론 관계가 갈등과 충돌, 적대에서 협력과 협치, 유쾌, 유연함으로 갔으면 좋겠다. 그것이 대통령과 언론, 국민에게 이로울 것이기 때문이다.

그러나 결코 쉽지 않을 것이다. 이른바 검찰정치, '검찰을 동원한 법치'로 인한 전쟁 같은 정치 상황이 지속되고 있고, 절제되지 않는 윤 대통령의 리더십 스타일이 관리되지 않고 있기 때문이다.

그럼 어떻게 할 것인가? 서로 비난, 비방, 공격, 혐오하는 상태에 머물 것인가? 지금은 적전 분열 상황이 조성되고 있는 것이 아닌가? '대통령은 통치하고 언론은 보도한다' 대통령과 언론이 갈등과 적대 관계에 접어들었을 때, 언론이 갈등 관계를 해결해 주기를 기대하기 어렵다. 언론 관계뿐만 아니라 모든 정치, 사회적 갈등 문제를 해결할 책임은 대통령에게 부과된다고 할 수 있다.

대통령 리더십의 궁극적인 목표는 국내외 정치, 사회, 문화적 여러 역경들을 슬기롭게 극복하면서 당대의 시대정신이 요청하는 주요 국정과제를 실현해 냄으로써 성장하고 성숙하는 '좋은 국가'의 기반을 만드는 것이다. 대통령 리더십은 당대의 핵심적인 국가 위기가 무엇인지 정확히 정의 내리고, 위기를 해결해 나가는 정치 역량과 관리 역량이다.

성공적인 대통령 리더십 수행을 위해서는 과학적이고 전략적인 이슈관리를 수행할 필요가 있고, 그 과정에서 대통령의 생각과 말과 행위는 체계적 관리 과정을 거쳐 표현되어야 한다. 국가와 국민을 위해서 대통령은 '전략적 대통령strategic presidency'이 될 필요가 있다. 전략적 대통령strategic presidency은 과학적이고 지혜로운 위기관리, 이미지 관리, 이슈관리, 언론 관리를 수행하는 역량을 갖춘 대통령을 말한다.(Edwards, 2009; Light, 1999) 전략적인 대통령은 효과적인 대통령 리더십 수행 역량을 발휘해서 업적을 남긴다.(Nye, 2013, 33)

대통령의 리더십의 목표는 국가와 국민에 이익이 되는 업적을 남기는 것에 초점이 맞춰져야 하고, 이를 위해 대통령의 독선적인 기질, 전제주의적 권력 사용은 철저하고 체계적으로 관리되어야 한다. 과연 누가 고양이 목에 방울을 달 수 있을까?

제2장

윤석열 정부의 언론통제 정책의 계보학

"1987년 이후 30년 이상 이룬 민주주의 성과가 다 무너지는 양상입니다. 이승만 때처럼 노골적인 정치 폭력은 없지만 지금은 검찰이 이승만 정부 때 정치깡패와 경찰, 박정희 정부 때 중앙정보부를 대신해 (대통령의) 정치적 반대 세력을 억압하고 있어요"

김동춘 성공회대 교수, 한겨레 신문 인터뷰(2023. 9. 22.)

1 왜 보수 정권이 다른 정권보다 위험한가?

1) 보수 정권이 들어서면 언론탄압

한국의 역대 대통령은 강도와 방법의 차이는 있었지만, 예외 없이 언론통제를 가했다. 초대 이승만으로부터 최근 윤석열에 이르기까지 역대 대통령 권력은 언론 독립과 자유를 지지하고 보호하기보다 언론을 규율, 통제, 심지어 장악하려 하였다.

그러나 해방 이후 독재정권은 말할 나위 없고, 민주화 이후 모든 정권이 언론통제와 지배 욕망을 유사하게 드러냈다고 말하는 것은 타당하지 않은 것이다. 일반적인 관찰에 의하면 언론에 대한 정치적 지배와 통제 욕망은 보수 정권이 강했고 진보 정권이 상대적으로 비교적 약했던 것이 진실에 가깝다. 특히 공영방송에 대한 보수 정권의 장악 시도는 폭력적인 수준으로 전개되었다.

특히 두 차례의 진보 정권에 이어 집권한 이명박 정부의 공영방송 통제와 지배력 강화는 KBS, MBC 등 공영방송 뿐만 아니라 공영적 방송사인 YTN의 낙하산 인사 파동과 해직 기자 양산 사태를 빚었다. 2012년 대선에 이르기까지 특히 이명박 정부 아래서 MBC 김재철 사장 낙하산 인사 파동은 낙하산 인사를 반대하는 기자들에 대한 해고 및 한직 발령 등 보복 인사와 함께 이를 대체하는 시용사원 임명으로 이어지면서 MBC 보도국의 저널리즘 문화는 거의 파탄지경에 이르렀다.

기자들도 명백하게 보수 정권하에서 정권이 더욱 언론자유를 제한하고 방해한다고 인식하는 것으로 나타난다. 한국언론진흥재단의 〈한국의 언론인〉(2005, 2009) 조사에 의하면 '정부와 정권'이 언론자유 제한 요인이 된다고 응답한 기자들의 비율이 노무현 대통령때 (2005년), 26.7%에 비해 이명박 대통령때 (2009년), 47.4%로 두 배로 늘었다.

2) 정권 따라 언론자유 요철(凹凸)식 격차

국경없는기자회RSF가 매년 발표하는 언론자유지수의 추이는 보수 정권과 진보 정권이 교체에 따라 요철凹凸식 격차를 보여준다. 김대중, 노무현 정부 때는 언론자유수준이 전 세계 30위

[그림 1] 언론자유지수 순위 추이(RSF)

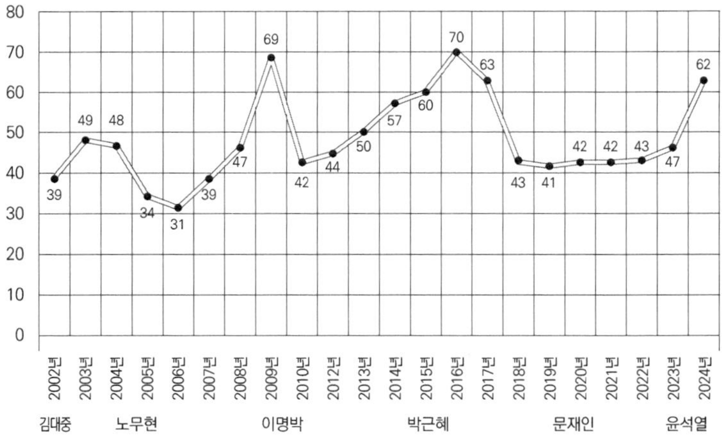

출처: 국경없는기자회 (RSF)

대였다가 이명박 정부 들어 40위대로 하강해 69위까지 떨어졌다. 박근혜 정권 때는 70위까지 내려갔다. 다시 진보 정권인 문재인 정부가 들어서며 언론자유수준이 40위대로 복구하여 아시아에서 가장 높은 지수를 나타냈다. 그러나 보수 윤석열 정부 들어서 다시 47위에 이어 62위로 언론자유지수의 큰 폭 하락을 기록했다.

진보 정권에서 언론 규제와 통제가 없었던 것은 물론 아니다. 헌정사상 최초로 정권교체를 이룬 김대중 정권은 조·중·동 보수 신문의 정파적 공격 보도에 대응하기 위해 해당 언론사에 대한 세무조사를 실시하였다. 일반적인 세무조사라고 설명하지만, 비판적인 보수 언론을 향한 정치적인 억압 조치였고, 세무조사 과정에서 법의 적용이 공정하지 않았다는 비판이 진보적 시민단체 등 언론개혁 세력으로부터도 나왔다.

노무현 대통령은 본인이 조·중·동 보수신문에 대해 '언론의 권력화', '정부와 언론의 야합', '여론 시장의 독점' 등 비판적 인식을 가지고 있었고, 때론 '조폭언론'이라 부르며 격렬하게 대응했다. 취재지원 선진화 방안이라는 이름으로 정부 출입 기자들의 취재 자유를 제한하기도 했다.

문재인 정권은 정확한 정의도 내리지 않은 채 '가짜뉴스'에 대해 징벌적 손해배상 조치를 취하도록 방송통신위원회와 언론중재위원회에 정치적 압력을 가했으나 이효성 위원장 등 의식 있는 정권 내부 인사와 전문가 집단의 비판으로 무위에 그쳤다.

•••

미국 공화당 정부 때 살인과 자살이 늘어나는 이유?

왜 공화당 정부 때 살인과 자살이 크게 늘어날까? 미국 정신의학자 제임스 길리건James Gilligan은 1900년부터 2007년까지 미국의 자살률과 살인율 자료를 분석하다가 기묘한 사실을 발견했다. 지난 108년 동안 자살과 살인 사례가 유독 공화당 정부가 들어서면 크게 늘고 민주당 정부로 교체되면 다시 감소한 것으로 나타났다. 공화당 집권 시기에 자살률과 살인율이 10만 명당 각각 14.5명과 5.4명 누적 증가한 반면 민주당 집권 때는 반대로 자살률 13.3명과 살인율 5.0명만큼 누적 감소한 것이다.(Gilligan, 2011, 56)

그는 저서 '왜 어떤 정치인은 다른 정치인보다 위험한가(2011)'에서 공화당의 부유층을 위한 불평등 정책이 자살과 살인의 증가에 영향을 주었을 것이라고 설명했다. 길리건에 따르면 자살이나 폭력치사 등 인위적인 죽음의 원인은 주로 수치심 때문이라고 한다. 그러니까, 공화당 정부에서 살인과 자살이 늘어난 것은 공화당의 불평등 정책으로 인해 실업상태로 빠져들어 궁지에 몰린 사람들이 수치심으로 인해 자살이나 폭력살인을 저지르게 된다는 것이다.

미국에서 공화당 정부가 들어서면 살인과 자살이 늘어난다는 가설과 한국에서 보수 정권이 들어서면 해고나 죽음을 맞이하는 언론인이 증가한다는 가설은 검증해 볼 만한 유비적 관계가 있는 것으로 보인다.

2 윤석열 정부 언론 정책, 독재정권 시기로 회귀

1) 역대 보수 정권의 언론자유 억압의 계보

윤석열 정부는 검찰과 감찰, 사찰을 통한 언론 통제를 시도하고 있다는 점에서 민주화 이전 독재정권 시기로 회귀하고 있다는 비판을 받고 있다. 언론억압 기조의 계보 측면에서는 이승만, 박정희, 전두환 독재정권에 이어서 민주화 이후 과도기와 진보 정권을 건너뛴 이명박, 박근혜 정권의 언론 장악과 통제 방법을 이어받은 것으로 볼 수 있다. 해방 이후 한국의 역대 대통령 권력의 폭력적이고 야만적인 언론통제 역사를 다룬 책, 《한국의 언론통제》(2009)의 저자 김주언은 개정판 서문, '이명박 정부가 언론 장악 기도를 포기하길 기대하며'에서 다음과 같이 썼다.

> "이명박 대통령 취임 초 방송통신위원회 등 언론기관과 KBS 등 방송사에 자신의 측근을 심고, 이에 반대하는 언론인들을 파면하거나 해임하는 것을 보면서 과거 독재정권의 언론인 강제해직을 떠올리지 않을 수 없었다. 또한 2008년 전국을 달구었던 촛불시위에 대응하여 MBC-TV 'PD수첩' 제작진을 수사하고 보수언론 광고주 불매 운동에 나섰던 누리꾼을 구속, 재판에 회부하는 상황을 지켜보면서 대한민국이 과거 독재정권시절로 돌아가는 듯한 느낌을 받았다"
>
> (김주언, 2009, 5).

윤석열 정부는 공교롭게도 과거 이명박 대통령의 청와대에서 언론관계 업무에서 핵심적인 역할을 했던 인사들을 대거 기용했다. 이동관 방송통신위원장, 김효재 언론진흥재단 이사장, 김은혜 청와대 홍보수석 등이다. 그래서인지 언론을 대하는 윤석열 정권의 압수수색, 억압과 위협, 거친 말 등 폭력적인 양태가 MB정권의 언론탄압 정책을 답습하는 듯하다. 이런 폭압적인 언론통제 정책은 더 거슬러 민주화 이전의 이승만, 박정희, 전두환 대통령의 전제주의적인 언론통제 방식의 계보로까지 올라간다. 더 거슬러 올라가면 신문을 검열하고, 압수, 정간, 폐간을 일삼은 일제의 폭력적인 언론 정책으로까지 관련이 있다.(이재진·이민주, 2004; 오동석, 1988)

2) 독재정권-윤석열 정권의 언론통제 계보

윤석열 정권에서 민주화 이후 한동안 전례가 없었던, 언론사와 기자 자택을 압수수색 한다. 대통령을 비판한 언론사를 '폐간'하고 해당 기자를 '살인죄'로 '사형'을 시켜야 한다는 여당대표의 거친 언사도 나온다. 공영언론사의 매각을 추진하고 공영방송 이사장과 사장을 자의적으로 해임해 버렸다. 그러나 이런 사례들은 결코 새롭거나 창의적인 시도가 아니다. 민주화 이전 독재정권의 폭력적이고 야만적인 숱한 언론 탄압 사례에서 뚜렷한 전조적 계보를 찾을 수 있다.[표 1]

[표 1] 독재정권-이명박-윤석열 정권으로 이어지는 언론탄압 계보

언론통제유형	독재정권	이명박 정권	윤석열 정권
탄압통제 기관	· 중앙정보부 · 보안사령부 · 문공부	· 청와대, 국정원 · 방송통신위원회 · 문체부	· 대통령실, 검찰, 경찰, 감사원 · 방송통신위원회 · 방송통신심의위원회 · 문체부
언론사 통제	· 경향신문 폐간 · 민족일보 폐간 · 문화방송 강탈 · 경향신문 강제매각 · 조선-동아광고탄압 · 언론사 통폐합	· KBS, YTN 등 공영언론사 낙하산 사장	· YTN매각 · KBS수신료 분리징수 · 공영방송 이사진, 사장 해임, 낙하산 임명 · "폐간" 위협
언론사 특혜	· 신문사 재정지원	· 신문사 4개 종편 승인 · 신문 기사형광고 과태료 조항 삭제	· YTN 인수
언론인 탄압	· 민족일보 조용수 사장 사형 · 기자 해직, 해고 · 기자구속, 불법연행, 고문, 테러 · '필화 사건'들 · '불순언론인' 명단 · 프레스카드제	· YTN, MBC 기자 해직 · KBS 한직 인사발령 · 검찰 수사 · 국정원의 언론인 사찰 블랙리스트	· 언론사, 기자 압수수색 · 오보 기자 "살인죄" 적용, "사형" 위협
언론인 회유	· 언론인 정관계 진출 · 언론탄압의 주역 · 보도 내용 통제 산실 · 경제적 특혜	· 조·중·동 사장 사면복권 · 이동관, 김효재, 김은혜 청와대 요직 기용	· 이동관 방통위장 · 김효재 언론재단 이사장 · 김은혜 홍보수석
보도 통제	· 반공법-국가보안법 · 언론윤리위법 파동 · 비상계엄령, 긴급조치 · 언론기본법 · 사전검열, 보도지침 · 여론조작	· 청와대 홍보수석실, 공영방송 보도 개입 · 방통심의위, 광우병 보도 등 중징계	· 방심위, 대통령 명예훼손 보도 중징계 · '가짜뉴스' 퇴치

* 독재정권하에서 언론통제 사례 범주와 언론통제 유형은 김주언(2009)의 〈한국의 언론통제〉의 내용을 주로 참고하였음.

3 정치권력에 의한 언론탄압의 유비적 역사

윤석열 정권의 언론 위협과 탄압 행태는 상당히 시대착오적이지만 한편에서 기시감이 들기도 한다. 바로 민주화 이전 독재정권의 야만적이고 폭력적인 언론탄압의 사례에서 그 유래를 찾을 수 있다. '반민주주의자들 역시 역사로부터 교훈을 얻는다'[9]더니, 독재정권이 물리적인 폭력을 동원한 언론탄압을 했다면, 윤석열 정부는 '법대로'라는 형식적 합법성을 포장하여 사법적인 폭력으로 가하고 있다.

1) '대선허위보도'에 사형?(2023) vs 민족일보 조용수 사장 사형(1961)

김기현 국민의힘 대표는 지난 대선 직전 뉴스타파 등 언론의 '김만배-신학림 녹취파일' 보도에 대해 이승만 정권 당시 "3.15 부정선거의 주범이 사형에 처한 적도 있다."면서 관련자들을 '1급 살인죄'를 적용하여 극형에 처해야 한다고 거친 말을 쏟아 냈다. 김 대표의 극단적인 언어 표현처럼, 언론보도에 "국가반역", "폐

9 "특정한 형태의 반민주주의적 과거가 반복되지 않는 이유는 오늘날의 반민주주의자들 역시 역사로부터 교훈을 얻기 때문이다. 이들은 현대 권위주의 정치의 레퍼토리에 눈에 띄는 대규모 인권침해 사태가 포함되어서는 안 된다는 것을 너무나 잘 안다. 20세기 독재 정권들을 연상시키면 곤란하다는 것쯤은 이들에게 상식이다." (Mueller, 2021, 22).

간", "사형"이 적용된 것은 독재정권에 의한 언론탄압의 전형이었다. 가깝게는 이명박 정권 시기 낙하산 사장 임명에 저항한 YTN과 MBC 기자들의 해직 조치와 그에 따른 MBC 이용마 기자의 죽음, 그리고 박정희, 전두환 독재정권 시기 민족일보 조용수 사장을 사형시키고 기자들의 대량 해직과 해고, 구속, 불법연행, 고문, 테러를 자행한 정치권력의 야만적인 폭력성과 맥락을 같이 한다.

〈민족일보〉는 4·19혁명 이듬해인 1961년 2월 8일 창간하자마자 석 달 만에 4만여 부 발행에 거리 판매 1위를 기록할 정도로 인기를 얻었다. '혁신계'라 불리던 진보 진영의 신문으로 노동대중의 권익을 옹호하고 기득권층의 부정부패를 고발하겠다고 선언하고 선동가들이 북진통일을 부르짖던 시대에 평화통일을 주장한 것이 큰 호응을 얻었기 때문이다.

박정희 정권은 5.16 쿠데타 이틀만인 1961년 5월 18일 "용공분자를 색출한다"며 발생인 조용수와 민족일보 경영진 10명을 구속하고 그다음 날부터 〈민족일보〉를 폐간시켰다. 조용수 민족일보 사장은 급조된 엉터리 재판에서 "평화통일과 남북협상을 주장"했으니 간첩이라는 억지 논리로 10월 31일에 사형을 선고받고, 12월 21일에 교수형을 당한다. 서른두 살의 젊은 나이였다. 일본 지식인들을 중심으로 국제적인 구명운동이 일어났으나 국내 지식인들은 군부가 두려워 침묵했고 그해 말 조용수는 사형당했다. 민주화 이후 1992년에 동생 조용준이 조용수 재판 기록을 정부에 요청했으나, 이 재판의 자료만 유독 폐기됐다는 '어이없는' 답변을 받았다. 2008년 재심에서 무죄를 선고받았다.(이규정, 2023)

2) YTN 매각(2023) vs 경향신문 강제 매각(1965)

윤석열 정권의 YTN 매각 추진은 YTN 최대 지주사인 한전KDN 등 공기업의 경영합리화를 내세우고 있지만, 진짜 매각 이유는 첫째, 대선 과정에서 당시 윤 후보에게 부정적 편향 보도를 한데 대한 보복성 조치이고, 둘째, 현 정권에 우호적인 언론사나 기업에 YTN을 인수하게 하여 '기울어진 운동장'을 현 정권 편으로 조정하기 위한 목적이라는 것이 YTN 안팎의 대체적인 시각이다.

이런 식으로 대통령과 정권에 대해 비판적인 언론사를 정권의 자의성에 의해 매각 또는 폐간시킨 사례는 박정희 정권에 의한 경향신문 강제매각, 민족일보 폐간, 문화방송 강탈, 그리고 전두환 신군부 정권에 의한 언론통폐합 조치 등에서 전례를 찾을 수 있다.

그 가운데, 경향신문의 경우, 이미 이승만 정권 말기인 1959년 폐간 조치 된 후 박정희 정권에 의해 강제매각되는 수난을 겪었다. 모두 정부 비판과 권력 감시 역할에 충실한 보도를 하였기 때문이었다. 이승만 정권이 1959년 정부 비판을 하는 〈경향신문〉을 폐간조치할 때, 특이하게도 1946년 언론사에 대한 등록제에서 허가제로 전환한 미군정법령 제88호(신문 허가제)를 적용했다. 해방 후 1945년 미군정은 처음에는 절대적인 언론자유를 보장하다가 좌익 계열 신문 등 언론사가 잇따라 대거 등록하자 좌익 계열 신문들을 통제하기 위해 1946년 5월 29일 군정법령 제88호를 발표, 언론에 대한 등록제를 허가제로 전환했던 것이다. 미군정은

1945년 11월 10일 좌익계열 〈매일신보〉를 정간 처분한 바 있다.

1947년 가톨릭을 배경으로 창간된 경향신문은 이처럼 1959년 '여적' 필화사건 등으로 자유당 정권에 의해 폐간됐다가 1960년 4월 26일 복간했다. 경향신문은 그 후 1966년 1월 25일 은행 부 채 4,600만 원을 갚지 않았다는 이유로 박정희 정권의 중앙정보부 압력으로 언론사상 첫 경매 처분을 당했다.

경향신문이 강제 매각된 이유는 1963년 이준구 개인 소유로 넘어간 이후에도 정권 비리 폭로 보도로 정권을 곤혹스럽게 했는데, 특히 1963년 10월 박정희 대통령의 남로당 연루사건 자료를 가지고 대선에서 야당의 윤보선 후보가 활용케 한데다 황태성 간첩사건 보도 등으로 박 대통령의 사상문제를 거론했기 때문이다. 박 정권은 기사 내용을 문제 삼아 기자를 구속하는 등 강경하게 대응하다가 강제매각에 나선 것이다. 박정희 정권은 간첩단 사건을 계기로 중앙정보부가 나서 경향신문 강제 매각을 추진해 김철호 기아산업 사장이 인수하게 한 뒤, 이후 경영난을 이유로 1974년 박정희 대통령이 이환의 문화방송 사장에게 경향신문과 통합할 것을 지휘함으로써 결국 5.16장학회 소유로 넘어갔다.

KBS 수신료 분리 징수 (2023) vs 조선 동아 광고 탄압 (1974-75)

윤석열 정권의 KBS 수신료 전기요금 통합징수 중단 조치는 KBS의 주요 재원이 수신료 수입 구조를 흔드는 압박을 통해 공영방송 KBS의 지배구조를 현 정권과 코드를 맞추도록 하는 전략의 일환으로 읽혀진다.

1994년 김영삼 정부 시기 한국전력이 수신료를 전기요금에 합산해 통합 징수하도록 법을 바꾼 이후 30년 가까운 세월 동안 안정되게 시행된 제도를 대통령실이 수신료 분리 징수 방안을 마련하라고 권고한 지 한 달 만에 방통위는 전광석화로 방송법 시행령 개정안을 의결하고 대통령은 해외순방 중에 결재했다.

공영방송 KBS의 재원에 타격을 줄 수밖에 없는 수신료 징수 방식을 변경하는데, KBS의 의견도 청취하거나 흔한 공청회 한 번 열지 않았고 입법예고 기간에 접수된 의견 4,746건 가운데 '분리 징수 반대' 의견이 89.2%에 이른다는 것이 방송통신위원회 자체 분석 결과인데도 여론 수렴과 숙의 절차를 무시하고 전격적으로 처리했다.

김효재 방송통신위원장 직무대행은 수신료 분리 징수를 위한 방송법 시행령 개정안을 의결한 뒤 타당한 근거 제시 없이 "국민들은 KBS가 공공의 자산인 전파를 자신들 구성원의 이익을 극대화하는 데 사용하고 특정 정파에 일방적으로 유리하게 프로그램을 제작 방영하는 방송으로 인식하고 있다"고 주장했다. 수신료 분리 징수 조치가 다른 이유가 아닌 현재 집권한 정파에 일방적으로 불리하게 방송한 데 대한 징벌적 조치임을 노골적으로 드러낸 셈이다.

윤 정권의 KBS 수신료 재원 압박은 1974-75년 동아일보와 조선일보 기자들이 독재정권의 언론탄압에 항거하여 자유언론 실천과 편집권 독립운동에 나서자 박정희 정권이 동아일보와 조선일보 광고 탄압에 나섰던 사례와 맥을 같이 한다. 소위 1974-1975년 동아투위 사건. 1974년 10월 24일 동아일보 편집국에서 '자유언론실천선언'을 발표한 뒤 동아일보는 12월 16일부터 1975년 1월 23일까지 상품광고의 98%가 떨어져 나갔는데, 중앙정보부의 개입에 의한 것이었다는 증언도 나왔다.

정권의 광고 탄압 사태로 인해 동아일보에서 130여 명, 조선일보에서 33명의 언론인이 해직됐다. 당시 해직됐던 신홍범 전 조선일보 기자는 군사독재 시대를 '끔찍한 암흑시대'였다고 회고한다.

"박정희 · 전두환 군사독재 시대를 몇 마디 말로 표현하라고 한다면 나는 '끔찍한 암흑시대'였다고 말하고 싶다. 많은 사람이 감시당하고 사찰당하는 것을 의식하면서 살았다. 다방에서 사람을 만나도 주변에 수사기관원이 없나 살펴보아야 했고, 전화도 도청 때문에 마음 놓고 할 수 없었다. … 국민들이 군사독재를 물리친 후 30여 년의 세월이 흘렀다. 그 옛날 그렇게 다짐했던 '검찰 개혁'은 이루어졌는가? 언론개혁은 이루어졌는가? 검찰이 단 한 번이라도 잘못을 반성하고 사죄한 적이 있었던가? '아니다'가 그 답이다. 준엄한 개혁의 대상이었던 그 검찰 출신이 대통령이 되고 그 휘하의 검찰이 칼을 휘두르는 '검찰공화국' 시대를 살고 있다. 이런 아이러니가 있을 수 있다니!"(신홍범, 2024. 3. 29.)

4 언론통제 정책에 투사된 대통령 권력의 폭력성

1) 보복, 위협, 장악이 언론 정책의 목표?

윤석열 정부의 언론 정책은 비판적인 언론에 대한 정권차원의 보복, 위협 그리고 장악으로 요약되어 진다. 대통령 권력은 독립성과 정치적 중립성 원칙을 지켜야 할 방통위, 방심위, 공영방송 이사회, 그리고 공영방송 KBS를 장악, 지배했다. 비판적 언론에 대해 대통령 명예훼손 혐의를 씌워 언론사/기자 압수수색, 고소 고발로 위협한다. 대통령의 저질 언어 습관을 보도한 MBC 기자에 대해 또 고소·고발, 대통령 전용기 동승 거부 등 보복 조치를 취했다. 정당한 언론의 정치관련 보도를 '가짜뉴스'로 몰아 정치적 공격을 가하고 방심위의 표적심의를 동원해 제재와 징벌을 시도하기도 한다.

왜 이러는 것일까? 야단법석 제도와 규범을 파괴하는 이 모든 과정에서 무시되고 사라진 것은 정책 목적의 정당성과 절차의 정당성이다. 언론에 대해 왜 이렇게까지 무법, 무도, 반지성적인 권력 행위를 자행해야 하는지 납득할 만한 설명도 없고, 시민들의 동의도 구하는 타당한 절차도 생략한다. 바람직한 언론 정책은 사라지고 권력의 언론 탄압만 남았다. 지배권력의 일방적인 통치권을 방어하고 보호하는데 급급한 나머지 언론의 표현의 자유, 국민의 알권리를 위한 언론 정책은 실종되었다.

미국에서 트럼프 대통령은 〈뉴욕타임스〉와 CNN과 같은 주요 언론을 향해 '가짜 뉴스'를 퍼뜨리는 '미국 국민의 적'이라 부르며 자신에 대한 음모를 꾸미고 있다고 계속 주장했다. 〈뉴욕타임스〉가 자신을 못살게 굴었다면서 명예훼손법을 개정해서 손봐주겠다는 듯이 얘기했다. 독점금지법을 거론하며 〈워싱턴포스트〉 소유주 제프 베조스를 위협했고, CNN 모기업인 타임워너와 AT&T의 임박한 합병을 독과점 규제기관을 통해 막겠다고 으름장을 놓았다. 또 사업허가권을 문제 삼으며 NBC 등 방송사들을 공격했다.(Levitsky &, Ziblatt, 2018, 228-230)

비판적 언론에 대한 트럼프 대통령의 험악한 시도는 그러나 미국의 민주적 제도의 권력 제어 장치로 인해 대부분 위협적인 언어폭력에 그쳤다. 반면에 윤석열 대통령은 스스로 권력사용을 자제하거나 대통령 권력을 제어하는 제도적 장치가 없었으므로 감사원과 검찰, 방송통신위원회를 동원하여 공영언론 제도를 훼손 파괴하고 비판적 언론에 대해 실제적인 법적 위협과 폭력을 가할 수 있었다.

2) 폭력성을 동반한 대통령 권력

역대 대통령의 언론통제 시도에는 언제나 권력의 폭력성이 동반하고 있음을 상기할 필요가 있다. 이승만-박정희-전두환 독재 권력은 비판적인 언론사를 폐간하고 사장을 사형시키고, 많은 언론인을 구속, 연행, 고문하는 폭압적인 폭력성을 드러냈다. 독재 시대 권력의 물리적인 폭력은 민주화 이후 합법을 가장한 '사법적 폭력'으로 폭력의 양식만 변화했을 뿐이었다. 선거로 선출된 대통령이 전제주의적 제왕으로 돌변하여 언론인을 압수수색, 테러, 해고하고, '폐간', '사형' 운운하며 비판적인 언론을 위협하고 보복에 나서게 된 것이다.

권력이론가들은 본디 국가권력은 명백하게 폭력을 동반한다고 말한다. 가령 범죄자를 체포할 때 경찰관은 일정한 폭력을 행사하고, 검찰의 구속, 압수수색도 공권력의 폭력성을 띤다. 발터 벤야민Walter Benjamin의 폭력이론에 의하면, 법은 사실상 폭력에 의해 형성된다.(스기타, 2015, 87) 막스 베버 또한, 《직업으로서 정치인》에서 "정치를 하려는 자는 모든 폭력 속에 몸을 감추고 있는 악마의 힘과 관계를 맺는 것이다"라며 정치권력의 폭력성을 적시한바 있다.(Weber, 2017)

3) '언론의 문제'를 '정치적인 것'으로 유인

대통령 권력이 언론을 폭력적으로 다루는 방식은 언론의 문제를 '정치적인 것'으로 유인함으로써 가능하다. 윤석열 정부 들어 언론보도를 '가짜뉴스'로 몰아 사법적인 단죄를 시도하는 것이 좋은 예다.

윤석열 정부에서 대통령과 정부 인사에 의혹을 제기한 언론사 · 기자를 상대로 압수수색 등 강제수사가 끊이지 않았다. 2023년 5월에는 한동훈 당시 법무부 장관 개인정보 유출 의혹 수사로 문화방송MBC 기자가 압수수색을 당했고, 9월부터는 서울중앙지검에 대통령 명예훼손 특별수사팀이 꾸려져 뉴스타파, 제이티비씨JTBC, 경향신문, 뉴스버스, 리포액트 등 언론사 사무실과 기자 자택을 압수수색 했다.

대통령실을 비롯한 권력기관 인사들이 나서 통상적인 언론의 보도 내용을 '가짜뉴스'라고 공격한다. 검찰과 경찰은 범죄 혐의가 있는 고의로 조작된 '허위 정보'로 몰아서 사법적 처벌을 시도한다. 방송통신심의위원회는 정치권의 공격과 검경의 사법적 처리 추이를 근거로 해당 보도를 심의 기준을 위반한 '저질뉴스'로 단정하고 징계 제재를 다수결로 결정해 버린다.

이처럼, 권력기관들에 의한 언론보도의 '가짜뉴스' 호명과 그에 따른 일련의 법적 조치들이 의미하는 것은 논란의 중심이 된 언론의 보도 내용들이 저널리즘 윤리가 작동하는 '언론의 영역'에서 시시비비가 가려지는 것이 아니라 적대와 분열, 혐오, 폭력이 판치는 '정치적인 것의 영역'으로 속절없이 넘겨져 사법 처리의 대상으로 비화한다는 것이다.

여기에서 '정치적인 것'은 칼 슈미트(Carl Schmitt, 2012)가 개념화하여 엘머 샷슈나이더(Elmer Schattschneider, 2008), 샹탈 무페(Chantal Mouffe, 2000) 등이 이어받은, 정치세력간 권력투쟁과 적대와 갈등의 속성이 표출되는 '거리의 패싸움' 같은 현실 정치 상황을 의미하는 것이다. 권력은 언론과 언론보도를 '정치적인 것'의 영역으로 끌어들인 뒤, 사악한 정치적 목적을 지닌 범죄로 몰아 사법적 폭력을 행사하는 전략을 구사한다. '권력과 자본은 적당한 것, 중용이 없다'는 말처럼, 한국에서 전제주의적 대통령 권력은 비판 언론을 적대시하고 적당한 것이 없이 무자비하게 대했다. "인간에게는 자신의 적을 범죄자가 아니라고 여기는 것이 힘든 일이다."(Schmitt, 2012, 18) 언론을 적대시한 대통령 권력이 언론을 형사법의 처벌 대상으로 여기는 일은 우연한 일이 아니다.

5 대통령 권력의 언론통제는 실패한다

1) 대통령 권력이 언론을 통제하려는 이유 : 통치 무능 은폐 시도

윤석열 정부는 언론의 대통령 비판 보도를 민주주의 사회에서 언론의 정상적인 활동으로 받아들이지 않고, 정치공작, 대통령 공격으로 간주하는 경향을 보인다. 그리고는 곧바로 법적 대응, 즉 처벌과 보복 조치에 나서곤 하는데, 이러한 법적 대응은 일시적으로 언론 자유의 위축이 있을 수 있으나 언론의 대통령 권력 감시 보도가 강화될 공산이 크기 때문에 결국 해당 언론사와 대통령 간의 갈등 적대 관계는 심화할 것이다.

능력 있는 대통령은 원활한 국정운영을 위하여 필요한 경우에 필요한 만큼의 권력을 행사하고, 이를 권력 행사가 아니라, 리더십이라는 형태로 전환한다. 대통령은 대중의 지지를 확보해서 엘리트를 통제할 수 있다. 대중의 지지를 확보하기 위해서는 기본적으로 안보와 경제발전 등 공공재를 공급해야 하고, 국민 생활과 관련한 정책적 성취를 이루고, 경청과 소통을 통한 신뢰 자산을 쌓아야 한다. 이슈관리와 지지도 관리를 체계적이고 창의적으로 수행할 수 있어야 성공하는 전략적 대통령이 될 수 있다.

리더십의 내용, 즉 대통령의 콘텐츠와 메시지가 풍부해야 언론과 관계도 원활해질 수 있다. 리더십 역량이 부족하고 얘기할 콘텐츠가 부족할 경우 대중의 지지를 확보하는 통로, 즉 언론을 통제하고 관리하여 지지를 확보하려고 한다. 마치 영화 배급사가 어떤 영화를 대박 터뜨리기 위해 블록버스터 유통 전략을 사용하는 것과 같다. 영화의 콘텐츠 품질 수준과 관계없이 콘텐츠의 유통 통로를 장악함으로써 영화를 대규모 관객에게 전달할 수 있다. 그러나 영화판에서는 자본으로 지배한 유통 통로를 통해 콘텐츠를 대중에게 전달할 수 있지만, 정치판에서 대통령이 강압적 권력으로 언론을 지배하기도 어렵지만, 지배한다 해도 대통령의 의도대로 콘텐츠가 공중에게 전달되지 못한다. 오히려 저항과 반발에 부딪혀 대통령의 리더십 역량은 더욱 약화할 수 있다.

보수든 진보든 언론과 협력적 관계를 도외시하고 언론과 싸우는 대통령 치고 성공한 사례는 찾아보기 힘들다. 대통령의 언론에 대한 보복성 법적 조치는 포용과 협치를 근간으로 해야 할 대통령의 통치행위의 크기를 갑자기 협소하게 만들어 버린다. 오히려 '편협한 대통령 이미지'를 형성하는 역효과를 낸다.

2) 언론 통제는 헌법적 정당성 위배, 실패로 귀결

민주주의 사회에서 언론의 첫 번째 역할은 권력의 부정부패, 비리, 기만, 무능을 감시하는 것이다. 이를 위해 권력과 자본으로부터 언론의 독립과 자유가 보호될 필요가 있다. 이것이 민주주의에서 언론의 규범적 역할 이론이다. 그래서 미국 수정헌법 1조는 '언론 자유를 침해하는 어떠한 법률도 제정할 수 없다'고 명시했다. 대한민국 헌법도 제1조에서 '대한민국의 주권은 국민에게 있고, 모든 권력은 국민으로부터 나온다'고 규정했다. 헌법 제21조에서는 '모든 국민은 언론 · 출판의 자유와 집회 · 결사의 자유를 가진다'고 명시하고 있다.

그럼에도 한국에서 역대 대통령들은 언론의 권력 감시 역할을 인내하고 허용하지 않으려 했다. 대통령 권력은 언론의 권력 감시와 비판 보도를 권력에 대한 도전과 공격으로 간주했다. 따라서 비판적인 언론을 억압하고, 통제하고, 장악하려 했다. 한국 정치와 언론이 정파적으로 진영화되면서, 대통령 권력은 때로는 자신에게 우호적인 언론과 그렇지 않은 언론으로 나누었다. 그들은 상대 진영의 언론을 괴롭히고, 공격하고, 무너뜨리려 했다.

역대 한국 대통령 권력의 언론 자유 억압, 통제, 장악 행위는 외면상으로 합법을 가장했을지 모르지만, 본질적으로는 반헌법적이고 반민주적이며 반규범적인 부당한 권력 행위라고 할 수 있다. 더불어, 대통령 권력의 모든 언론 통제 시도는 결국 실패했다고 볼 수 있다. 이는 권력의 언론 통제가 애초에 자유주의

“BBC는 모든 사안에서 독립적이어야 한다. 사명의 완수, 공적 목표의 달성, 특히 편집과 제작상의 결정, 프로그램과 서비스 송출 시간과 방식, 그리고 BBC의 업무와 경영에 있어서 독립적이어야 한다.”

영국 BBC, 2017 칙허장, 3장 독립성

제3장

공영방송의 정권 종속화 기원, 과정, 결과

민주적 정권교체가 이뤄지던 한국의 민주주의 공고화 시기, 한국의 공영방송은 지배적 정치권력과 정치병행political parallel을 강제당하는 상황에서 후견자가 바뀔 때마다 후견자의 이념과 정파로 탈바꿈하고 병행해야 하는 정치적 부랑아 신세가 됐다. 이에 따라 이미 정치적 종속관계의 틀에 갇혀있던 공영방송 보도국은 후견자 집권 세력이 교체됨에 따라 새 후견자와 정치 병행을 같이할 집단과 그렇지 못 할 반대 세력으로 정파적 분열을 경험하게 됐다.

최영재(2014), 〈공영방송 보도국의 정파적 분열: 민주화의 역설, 정치적 종속의 결과〉

1 한국의 대통령 권력과 공영방송 지배 역사

1) 국영방송 체제의 여파

1948년 대통령 중심제의 민주적인 대한민국 정부 수립 이후 그동안 두 차례의 군부 쿠데타와 민주화라는 격변과 고비를 넘으면서 대한민국은 큰 흐름에서 민주주의를 정착시키는 노정을 밟아 왔다. 그러나 역대 한국 대통령들은 민주화 이전은 물론이고 최근까지도 언론 관리 정책에 있어서 통제의 틀을 탈피한 적이 없다. 그 과정에서 특히 공영 미디어들은 단 한 번도 서양 언론들이 누리는 정치적 독립과 진정한 언론자유를 구가하지 못했다. 그것은 완전한 언론자유를 허용하기 어려운 남북 분단의 구조적인 한계 상황에 더해, 민주화 이전 상당 기간 집권한 권위적인 군부독재 정권의 언론통제 역사의 타성에서 기인한다고 볼 수 있다.

정부 수립 이후 국영방송 체제로 운영되던 KBS는 1973년 공사체제로 전환하고 1980년 전두환 정권의 언론통폐합 조치를 계기로 MBC와 함께 공영방송 체제로 전환됐다. 그러나 전두환 정권은 2개의 공영방송의 사장 및 임원을 사실상 대통령이 낙하산식으로 임명할 수 있도록 정권 통제형 공영방송 지배구조를 만들었다.

1980년대 말 오랜 반독재 투쟁 끝에 찾아온 민주화는 한국의 공영방송이 영국의 BBC 모델처럼 정치적 종속관계를 청산하고 정치 독립적인 저널리즘 문화를 정착시킬 수 있는 절호의 계기가 될 수 있었다. 그러나 당시 한국 사회의 정치적 수준이 공영방송의 정치적 독립성 확보를 위한 제도적 장치까지 관심을 돌릴 여유가 없었다.

2) 민주화 이후의 공영방송

민주화 이후 공영방송 지배구조의 개혁은 원래 진보 정권이 솔선수범 실천해야 했다. 그럼에도 진보 정권 역시 집권 후에는 공영 미디어를 우리 편에 두고 싶은 정치적 욕망이 발동하여 김대중 정부(1998-2002)에 이어 노무현 정부(2003-2007)도 잘못된 낙하산 인사 관행을 고치지 못했다. 한국 정부 수립(1948년) 이후 50년 만에 최초로 진정한 정권교체를 이루고 잇따라 김대중-노무현 진보적인 정권이 들어섰지만, 신문시장의 약 70퍼센트를 지배하고 있던 조선일보와 중앙일보, 동아일보 등 3대 보수 신문이 진보 정권에 날을 세우고 있는 상황에서 공영방송을 독립적이고 중립적인 영역에 놔둘 수 없다는 것이 당시 진보 정권 내 강한 정서였다.

그리하여, 진보 정권에 의해 새롭게 진보적인 인사로 경영진이 채워진 공영방송은 진보적인 색채와 논조의 방송을 했다. 진보 정권 하에서 때때로 공영방송은 보수 정파와 이념을 대변했던 보수신문들과 갈등과 대립, 충돌함으로써 진보 정권과 같은 진영에 있다는 인상을 주곤 했다. 그렇다고 당시 공영방송이 정권의 이익에 편을 드는 방송을 했다고 말하기 어렵다. 진보 정권이 현실과 실용적인 관점에서 보수적인 정책을 추진할 때마다 공영방송은 호된 비판과 공격을 가했다. 가령 노무현 대통령의 자유무역협정FTA 추진과 이라크 파병 정책에 대해 오히려 보수신문들은 찬성하고 두둔하고 나선 반면, 공영방송은 한겨레신문, 경향신문 등 진보 신문들과 함께 노무현 대통령을 공격했다.

말하자면, 진보 정권에 의해 진보적인 지배구조를 형성한 공영방송은 갑자기 진보 진영 언론이 되어 그 안에서 나름대로 최대한의 언론 자유를 구가한 것이었다. 그것은 진보 정권이 비록 낙하산 인사 관행을 이용해 공영방송 경영진을 구성했더라도 이후에는 보도 내용이나 방향에 간여하지 않고 자율에 맡기는 자제의 미덕을 발휘했기 때문에 가능했다. 실제로 김대중, 노무현 정부 시기 집권 세력이 공영방송에 음양으로 보도 압력이나 청탁을 하여 물의를 일으킨 사례를 찾기 어렵다.

공영방송의 정치 종속적 지배구조의 문제는 다시 보수 정권으로 교체된 이명박 정부(2008-2012)와 박근혜 정부(2013-2017.3) 시기에 극명하게 드러났다. 보수 정권은 공영방송 장악 시도를 노골화했다. 그도 그럴 것이, 진보 정권 10년 동안 경영진부터 보도국 간부와 기자에 이르기까지 진보적인 인사로 라인업되어 보수 진영을 공격해 왔던 공영방송을 정치적으로 도저히 용인할 수 없었다. 보수 정권은 공영방송 이사장과 사장의 낙하산 인사는 물론, 공영방송 기자와 PD 등 구성원들에 대한 정파, 이념적 성분 분석을 하여 편을 가르고 방송 프로그램 내 · 외부 진행자에 대한 블랙리스트도 만들어서 진보적인 인사의 방송 출연을 금지했다. 보도 내용에 대한 간섭과 압력, 영향력을 행사한 사실이 폭로되어 사회적 물의를 일으켰다.

공영방송 내부 구성원들의 반발과 저항, 파업 사태, 그리고 시민사회의 비판은 날로 거세어졌다. 보수 정권은 통제와 탄압으로 대응했다. 특히 보수 정권의 언론 장악 시도에 강하게 저항했던 공영방송 문화방송MBC은 이명박-박근혜 정권 9년 동안 정권과 결탁한 반민주적 · 반언론적 경영진에 의해 구성원 10명이 해고되고 110명이 중징계를 받았으며 157명이 본업과 무관한 '유배지'로 쫓겨났다. 일본NHK와 같이 수신료 수입에 의해 운영되는 한국방송KBS 또한 낙하산식으로 임명된 이사장과 사장에 대한 노조의 반발과 청와대의 보도 개입 사태 등 불공정 보도에 대한 항의 파업으로 바람 잘 날이 없었다. 민주화 이전 독재정권에서 경험했던 사태들이 재현되고 있었던 것이다.

당연히 공영방송에 대한 국민의 신뢰는 소멸하어 갔다. MBC 저녁 8시 뉴스 시청률은 10%대에서 3~4%로 급락했다. 국가기간방송사인 KBS의 저녁 9시 뉴스 시청률은 충성도 높은 고령층 시청자 덕분에 20%대를 거의 그대로 유지했지만, 영향력과 평판은 형편없이 추락했다. 2016년 11월부터 시작된 박근혜 전 대통령의 국정농단에 항의하는 대규모 촛불시위 현장에서 KBS와 MBC 취재 차량이 '너희들도 공범'이라고 외치는 시민들에 의해 쫓겨나는 일도 발생했다. 국제적인 언론 감시 단체 '국경 없는 기자회'가 해마다 발표하는 언론자유지수 한국 순위는 보수 정권 이전인

2006년 31위에서 박근혜 전 대통령 탄핵 직전인 2016년 70위까지 추락했다.

2 한국 공영방송 독립 기회 세 차례 있었다

한국에서 공영방송을 정치권력으로부터 독립시킬 역사적 기회가 세 차례 있었다. 바로 미군정 시기와 민주화 직후, 그리고 문재인 대통령 시기이다. 놓친 세 차례의 기회뿐만 아니라 처음부터 지금까지 한국 공영방송의 독립성 모델은 영국의 공영방송 BBC였다.

1) 영국 BBC의 독립성 모델

BBC의 지배구조 독립성은 BBC 자체가 1926년 독립적이고 자율적인 공사public corporation 체제로 출범함으로써 태생적인 BBC의 특성이 됐다. BBC의 공사화는 방송이 갖는 고유의 공공성을 감안한 결과이지만 그에 앞서 16세기 영국 튜더 왕조때까지 거슬러 올라가는 수백 년 동안 중앙정부 외곽에서 자율성을 인정받고 활동한 특임기구ad-hoc agency의 전통이 있었기 때문이라는 분석이다. 20세기 초 영국은 '의회가 설립한 기구authority이며 통상성board of trade에서 독립된' 런던항만관리기구와 같은 자율적인 공사 조직이 만들어지고 있었는데, 그 가운데도 BBC는 가장 모범

적이고 혁신적인 공사체제로 평가받으며 영국인의 자부심이 되었다는 것이다.[10]

영국 BBC의 독립성 제도는 시행 과정에서 특히 전쟁이나 사회적 혼란시기 국가권력이 영향력을 행사하려는 흔적도 있고, BBC 경영진도 국가권력에 타협하고 때로는 영합할 때도 있었다는 비판도 있다.(정용준, 2014) 예를 들어, 1926년 총파업 사태 보도와 관련하여 BBC와 영국 정부 간 갈등 과정에서, 윈스턴 처칠 재무장관은 BBC의 국영화를 주장했지만, 스탠리 볼드윈 총리와 BBC 설립자 리스의 반대로 저지되었다. 1940년 처칠 총리는 정부의 BBC 인수를 검토하기도 하였다. 또한 1980년대에는 대처 총리와 BBC가 포클랜드 전쟁 보도를 둘러싸고 갈등을 빚기도 했다. 그러나 BBC는 이러한 도전 속에서도 독립성을 유지해 왔으며, 시간이 갈수록 공공에 대한 책무성accountability을 강화하는 방향으로 제도를 발전시켜 왔다.

일본 NHK의 BBC 모델 채택 과정

독립적인 BBC 제도는 유럽 각국 공영방송의 모델이 되었다. 아시아에서는 2차 세계대전 직후 일본을 점령한 맥아더의 '연합군 최고 사령부SCAP, 1945. 8-1952. 4'는 일본 사회에 민주주의를 이식시키고자 하는 목표의 일환으로 전쟁 기간 군국주의 독재 아

10 영국 공기업 연구의 선도자인 롭슨(Robson, 1952)은 public corporation의 출현을 20세기 전반에 영국이 이룩한 "가장 중요한 헌법상의 혁신"(p. 53)이라고 평가했다(이창근, 2015, 126에서 재인용).

래서 놓였던 일본방송협회NHK도 영국 BBC와 같이 국가state의 통제를 받지 않고 공중public에 책무성을 지는 '독립 공영방송An independent public service'으로 만들려고 했다.(Krauss, 2000)

일본 정부의 반대를 무릅쓰고 추진된 1950년 방송법에는 공영방송의 독립적인 위상을 구축하기 위해 다음과 같은 제도적 장치를 배치했다. ① 정부의 간섭을 받지 않고 NHK를 자율적으로 경영, 감독할 수 있는 '경영위원회'를 신설했다. ② NHK 회장 선임 또는 해임에는 12명의 경영위원회 위원 중 4분의 3인 9명의 동의가 필요하도록 했다. 이른바 '특별다수제'에 의한 NHK 회장 임명 제도를 도입했다. ③ 방송 허가 및 방송 규제 기관으로서 독립적인 미국 FCC 모델의 전파감리위원회라는 독립기구를 신설했다.

초기 강력한 BBC 모델로 출발한 일본 공영방송 NHK는 그 후 보수 자민당 정권에 의한 독립성 훼손의 역사를 경험하게 된다. 가령 사장 선출을 위한 이사진 3분의 2이상의 찬성의 특별다수제에 대해 아베정권은 3분 2의 이사진 다수를 자기편 사람으로 채워 독립성 제도를 무색하게 만들어 버리기도 했다.

2) 미군정 시기 한국 공영방송 BBC 모델 검토 흔적

해방 이후 미군정 시기, 한국방송의 제도적 기본 틀이 형성되는 과정에서 독립적인 BBC 모델의 도입이 검토된 흔적이 발견된다. 광복 후 남한을 점령했던 미군정(1945. 9.- 1948. 8.)은 점령 초기 공보부 산하에 두었던 조선방송협회를 재조직하는 과정에서 일본과 영국 방송협회의 장점을 채택하기 위한 연구가 필요하다는 내용의 기록을 남겼다.(박용규, 2005) 당시 일본에서 맥아더의 연합군 총사령부가 일본방송협회NHK를 구성하면서 BBC 모델을 도입한다는 정보가 미군정에 전해졌을 가능성이 크다.

그러나 군정은 광복 이후 정치 사회적 혼란과 점령 정책의 효율적 수행을 이유로 방송현업을 미군정청 공보부 소속으로 배치함으로써 사실상 방송의 국영화 조치를 단행했다. 다만, 미군정은 제헌국회 개헌 다음 날인 1948년 6월 1일에 공보부 소속의 방송국을 폐지하고 방송 업무를 조선방송협회로 분리 이관하는 조치를 취했다. 이에 대해 미군정이 "한국에 와서 다른 것은 다 민주주의적으로 가르쳐놓고 방송만은 정부 소속으로 한 것이 옳지 못하다"는 판단으로 일본 NHK와 같이 조선방송협회를 분리 독립했을 것이라는 해석이 있다.[노정팔, 1983, 96, 107: 박용규(2005, 81)에서 재인용]

3 민주화 이후 공영방송의 독립 기회

1980년대 말 오랜 반독재 투쟁 끝에 찾아온 민주화는 한국의 공영방송이 영국의 BBC 모델처럼 정치적 종속관계를 청산하고 정치 독립적인 저널리즘 문화를 정착시킬 수 있는 절호의 계기가 될 수 있었다. 그러나 당시 한국 사회의 정치 상황과 민주주의 수준, 언론인들의 전문직문화professionalism 정도가 민주화를 계기로 공영방송의 독립성을 만들어 낼만 한 수준이 되지 못했다. 공영방송 지배구조의 독립성의 중요성을 정책 입안자는 물론, 공영방송 구성원, 언론학계조차 제대로 인식하지 못했다고 봐야 할 것이다.

1) 노태우 정부, 공영방송 독립 법제도 마련 실패

결국 1987년 6월 항쟁 이후 1987년 방송법 제정으로 신설된 방송규제기구인 방송위원회가 이사회를 구성하고, 이사회는 사장을 추천하는 독자적인 구조를 만들긴 하였으나, 이때 대통령이 방송위원회, 이사회, 사장 모두를 사실상 임명하는, 집권 세력 종속적인 현행 지배구조가 형성됐다.

1987년 민주화 운동 이후 대선에서 야당의 분열 속에 신군부 쿠데타의 주역인 노태우 후보가 당선됨으로써 KBS와 MBC는 형식적인 법적 득립보장 장치 뒤에 숨어 있는 실질적인 임명권력에 의해 정부의 통제하에 들어갔다.(강형철, 2004, 116-117) 그나마 1988년 11월 강원룡 방송위원장 체제에서 자율적으로 선출된 시민단체 출신 서영훈 사장은 '정권의 입김이 없는 사장'이라는 얘기를 들었으나 1990년 3당 합당 이후 노태우 정부에 의해 '특근수당 변칙지출'을 이유로 경질되고 후임 사장에 낙하산 인사로 전 서울신문 사장인 서기원이 임명되었다. 이에 대해 KBS 노조는 낙하산 사장 퇴진을 위한, 이른바 'KBS 4월 투쟁'을 했지만 공권력이 진압했다.

민주화 이후 방송사 기자협회와 노조에서 공정 보도 운동을 펼쳤고, MBC는 '노영勞營 방송'이라는 말까지 듣는 정도였지만, 운동의 대부분은 정치권력에 의한 공영방송 지배구조 형성을 근본적으로 문제 삼기보다는 정권에 의해 낙하산식으로 임명된 공영방송 사장과 임원이 정권 편향적인 보도를 하는 데 영향력을 행사하는지 감시, 견제하는 역할에 머무르고 있었다.(최영재, 2014) 1987년 12월 한국방송 역사상 처음으로 노조를 결성하고 1988년에는 방송사상 첫 파업에 들어간 MBC 노조는 사측으로부터 편성권 독립을 보장하는 합의를 끌어내고 1989년 그간 금기시되던 광주항쟁에 관한 프로그램 〈어머니의 노래〉를 방영할 수 있었다. 1988년 5월에 설립된 KBS 노조는 낙하산 사장 퇴진투쟁을 벌이고 〈광주는 말한다〉와 시사고발 프로그램 〈추적 60분〉을 통해 왜곡된 사회현상을 폭로하는데 기여했다. 한국언론노동조합연합회(언노련)는 1989년 발족했다.

방송노조는 1990년 중반부터 2000년 초까지 방송법 개정 과정에서 방송개혁위원회의 실행 위원으로 참여하는 등 공영방송 구조 개편에 깊숙이 개입하기도 하고, 그 후에도 정권에 의한 사장 임명 과정에서 퇴진 투쟁 등을 통해 일정한 성과를 거두기도 했다. 그러나 당시 새로 형성된 노조 세력과 기자 집단은 정치권력을 막아낼 시민 세력과의 연대 자산 등이 없었으므로 정치권력이 마련한 정치 종속적 지배구조를 용인할 수밖에 없었다.

2) 김대중, 노무현 정부, 낙하산 인사 관행 존치

2000년 김대중 대통령 시기 방송법 개정을 통해 지상파(방송위원회), 케이블TV(종합유선방송위원회), 중계유선방송(정보통신부) 등 다원화됐던 소관부처가 방송위원회로 일원화됐다. 심의 기능만 갖고 있던 방송위는 문화관광부에 있던 방송정책권을 도맡게 됐다. 힘이 커진 만큼 방송위원회 구성 방식을 놓고 여야가 막판까지 첨예하게 대립했으나, 결국 정부 여당이 9명 가운데 7명의 위원을 자당 인사로 채우는 방안으로 결정됐다.

정부수립 이후 50년 만에 진정한 정권 교체를 이루고 등장한 김대중 정부(1998-2002)에 이어 노무현 정부(2003-2007)도 공영방송 지배구조 개혁을 이루지 못하고 잘못된 '낙하산 인사' 관행을 존치시켰다. 당시 신문시장의 약 70퍼센트를 지배하고 있던 조선일보와 중앙일보, 동아일보 등 3대 보수 신문이 진보 정권에 날을 세우고 있는 상황에서 공영방송을 독립적이고 중립적인 영역에 놔둘 수 없다는 것이 당시 진보 정권내 강한 정서였다.

당시 진보 진영에서는 공영방송 사장은 당연히 집권한 진보 정부가 선임해야 한다는 공감대가 형성돼 있었다. 실제로 노무현 대통령은 2003년 KBS 이사회가 결정한 서동구(전 한국언론재단 부이사장, 해직 언론인)에 대해 노조의 반발이 거세자 국회연설과 청와대 기자간담회를 통해 대통령 자신이 서 사장을 추천했다는 사실을 솔직하게 공개하면서 "방송이라도 공정하게

해 (특정 신문의) 왜곡, 편파보도를 좀 상쇄해 주는 기능이 있었으면 좋겠다는 게 개인적 소망"이라고 말하기도 했다.

4 문재인 대통령의 공영방송 독립 기회

1) 특별다수제 여야 합의안 공약

해방 이후 정치 종속적인 지배구조를 유지해 온 한국 공영방송의 문제는 촛불집회와 문재인 정부 출범을 전후한 경쟁적 정치 환경 조성과 민주적인 시민 세력의 결집을 계기로 근본적인 독립성 개혁을 시도할 수 있는 절호의 계기를 맞이했다.

공영방송의 독립성 문제가 정치 사회적으로 본격 부상한 계기는 이명박 정부 출범 이후 노무현 정부에서 임명된 정연주 KBS 사장 퇴진 논란, YTN의 낙하산 사장 임명 파동이 불거지면서부터다(2008년). 이때부터 공영방송 지배구조 독립에 관한 의원 발의 법안이 활발히 논의되기 시작했다. 박근혜 대통령은 2012년 18대 대통령 선거 과정에서 공영방송 지배구조 개선을 약속했고, 2013년 국회 내 방송공정성특별위원회를 구성하여 지배구조 개선 방안을 논의하였으나 KBS 사장 인사청문회 도입 등만 합의하는 데 그쳤다. 2016년 총선으로 여소야대 정국이 되면서 야 3당이 이사회 여야 추천 7대 6 구성과 특별다수제, 사장 추천위원회를 골자로 한 방송법 개정안을 제출하였지만, 특별다수제에 대해 당시 여당인 새누리당의 반대로 진척이 없었다.

박근혜 전 대통령에 대한 헌정사상 최초의 탄핵 결정이 내려진 뒤 2017년 5월 출범한 문재인 정부는 오랜 권위주의 정권에 의해 누적된 한국 사회의 여러 가지 적폐 현상을 해소해 줄 것으로 기대를 모았다. 특히 문재인 대통령 개인이 취임 이후 보여준 겸손과 온유, 인내와 포용, 신중함과 결단력의 '착한' 리더십은 공영미디어의 정치적 종속 문제를 '이제야' 근본적으로 해결할 수 있게 됐다는 희망을 갖게 했다. 더욱이 문재인 대통령이 속한 더불어민주당은 야당 시절에 이미 특별다수제에 의한 사장 선출을 통한 공영방송의 정치적 독립을 실현하는 내용의 방송법 개정안을 발의해 놓고 있었다. 문재인 대통령은 대통령 선거 기간과 대통령 취임 이후에도 공영방송의 정치적 독립을 위한 방송법 개정을 약속했고, 진보와 보수 진영 모두 이를 지지했으므로 이번에야말로 오랜 숙원인 공영방송의 정치적 독립이 성취되리라는 기대가 높았다.

2) '적폐 청산', '내로남불'이 날린 독립성 법안

그런데 취임 이후 언제부터인가 청와대와 방송통신위원회에서 특별다수제에 의한 공영방송 사장 선출 방식이 한국 현실에 잘 맞지 않는다느니, 그래서 유럽 공영방송 모델을 검토한다느니 하는 얘기가 나오더니 어느새 공영방송의 정치적 독립 문제는 다른 이슈에 밀려 추진의 탄력을 잃어갔다. 그 배경은 우선 보수 정권 9년 동안 KBS와 MBC 등 공영방송을 장악하고서 이에 저항하는 언론인을 해고하는 등 패악을 저지른 보수파 경영진에 대한 '적폐 청산'을 우선 과제로 삼았기 때문이다. 공영방송과 유사한 정치 종속적 지배구조 문제를 안고 있는 24시간 뉴스 전문 채널 YTN과 국가기간뉴스 통신사인 연합뉴스의 경영진 교체도 문재인 정권의 정치적 과제였다. 이 과정에서 대통령 권력의 의도에 따라 이들 공영 미디어의 경영진 교체가 가능한 현행 공영방송 지배구조 제도의 존치를 필요로 했다. 둘째, 과거 김대중-노무현 진보 정권 때와 마찬가지로 여전히 신문시장을 지배하고 있는 조선-중앙-동아 3대 보수신문이 문재인 정부의 남북평화회담 등 주요 정책에 대해 사사건건 각을 세우고 있는 상황에서 최소한 공영방송을 우리 편으로 남겨 놓아야 한다는 정권내부의 정략적 계산이 작용했을 것이다.

이때 문재인 대통령이 NHK 방식의 이사회 3분의 2의 찬성의 사장 선출제인 특별다수제 공약을 착실히 이행했다면 지금 공영방송 상황은 어떠했을까? 물론 완벽한 제도는 없는 만큼 실현 과정에서 적지 않은 진통도 있었겠지만, 문재인 대통령 당대의 낙하산 인사의 답습, 그리고 이후 윤석열 대통령이 보여주고 있는 막무가내식 방통위와 방심위, 공영방송의 장악을 제어하는 법적 제도적 장치가 되었을 것임에 틀림없다.

5 공영방송 정치 종속의 참혹한 풍경

1) 정권의 공영방송 장악과 약탈

바람직하기로는, 민주화 이후 한국의 공영방송이 정치권력의 예속관계에 놓였던 과거를 청산하고 모범사례로 꼽혀온 BBC처럼, 어떤 정치권력, 어떤 정파와도 일정한 거리를 두는 정치적 독립 상태를 유지하면서 객관 진실 보도, 권력 감시 보도, 민주적 공론장 역할을 수행해야 했다. 그러나 현실은 민주화 이후 다양한 사회세력의 목소리가 봇물 터지듯 넘쳐나는 담론 과잉 현상과 여론 시장을 선점한 신문들의 거친 정파적 주장과 정치 권력화 현상에 위협을 느낀 대통령 권력은 지금까지 그래왔던 것처럼 공영방송을 정부와 집권 세력의 영향력 아래 두고 싶은 욕망을 가지게 됐고, 그것은 공영방송의 정치 종속화를 고착화했다. 그 과정에서 공영방송은 정권의 무자비한 공영방송 장악과 약탈, 정권에 저항하는 공영방송 구성원의 희생, 보도국의 분열과 기자 직업정신의 약화, 그리고 피폐한 삶을 감내해야 했다.

이명박, 박근혜 정권

이동관 홍보수석과 국정원의 탈법 행태

이동관 특보가 이명박 정부 청와대에 재직하던 시기 작성된 문건들은 청와대와 국가정보원 등 정치권력과 사정기관이 주도적으로 정부 비판적 보도를 문제 삼고, 언론인을 비롯한 방송인들의 성향에 따라 '퇴출 대상'을 분류한 내용이다. 2009년 12월 '홍보수석 요청자료'로 국정원이 만든 '라디오 시사프로 편파방송 실태 및 고려 사항'은 "좌편향 PD와 진행자들이 라디오 시사프로를 통해 4대강, 세종시 등 국정현안에 대한 악의적 왜곡보도를 일삼고 있어 대책 마련이 시급하다"라며 "경영진 주의 환기, 좌편향 진행자 퇴출, 고정출연자 교체 권고 등이 필요하다"고 했다. 2010년 3월 'MBC 정상화 전략 및 추진방안', 6월 'KBS 조직개편 이후 인적 쇄신 추진 방안' 등은 "인사대상자 색출", "노조 무력화 및 조직 개편" 등 인사개입 정황까지 담고 있었다.(노지민, 2023. 8. 8.)

'피의 학살장' 같았다

"(2010년) 파업 투쟁 돌입 전에 MBC 상황은 한마디로 몰상식이었다. 김우룡 방문진 이사장이 김재철 사장의 '청와대 조인트' 사건을 폭로했고, 이런 식의 비상식적 일 끝에 우리가 파업에 돌입했다. 우리가 법적 정당성, 도덕적, 상식적 정당성이 있었다. 노동조합은 파업 이후에라도 회사 측 징계와 탄압 수준을 높게 보지 않았다. 저 역시 해고가 현실화 될지 긴가민가했다. 하지만 회사는 저를 비롯해 정대균 당시 진주MBC지부장을 해고했고, 이후 줄줄이 해고했다. 학살이라 할 만큼이다."(이기범, 2017. 9. 22.)

MBC 몰락, 그 시작은 MB였다

"국정원 로드맵을 따라 김재철 사장은 2011년부터 더욱 노골적으로 MBC 장악을 시도했다. 2011년 3월 〈PD수첩〉에서 최승호 PD가 쫓겨난 것이 일종의 신호탄이었다. PD들을 드라마 세트장 등에 강제 배치하는 만행도 이때 처음 시작되었다. 라디오에서는 김미화, 윤도현, 김어준이 줄줄이 하차했다. 국정원의 시도는 성공적으로 보였지만 그래도 MBC 시사교양 PD, 라디오 PD들은 매일 아침저녁으로 피케팅을 하고, 국부장의 면전에서 침묵시위를 하는 등 저항의 불을 지펴나갔다. 여기서 국정원의 의도대로 되지 않는 반전이 일어났다. 큰불로 번질 것이 두려웠던 김재철 사장은 노동조합과 2011년 9월 '꽤 괜찮은 공정방송 조항'이 담긴 단체협약을 체결했다. 이 소중한 단체협약은 김재철 사장, 그 배후에 있던 국정원 등 부당한 권력과 2년 동안 처절하게 싸워서 얻은 결실이었다."(김재영, 2017. 12. 4.)

문재인 정권

'민주당 방송장악 문건'

조선일보가 2017년 보도한 민주당 워크숍 자료 '방송장악 문건'은 방송통신위원회 주요 과제로 다음과 같은 '언론 적폐 청산' 내용이 포함돼 있었다. △반민주 · 반국민적인 언론 적폐 상징인 MBC, KBS 사장 및 이사장 · 이사에 대한 지속적이고 구체적 대응 필요 △언론 적폐 청산을 당 적폐청산위원회 활동 최우선 과제로 추진 △방송사 구성원 및 시민단체, 학계 중심의 사장 퇴진 운동 전개 △방통위 차원의 대책 강구 등이다. 사장 퇴진운동 대목엔 정치권이 나설 경우 '언론탄압' 역공 우려가 있다며 "현재 진행 중인 방송사 구성원 중심의 사장 이사장 퇴진 운동 전개"라 써 있다.(노지민, 2023. 8. 8.) 당시 민주당은 해당 문건은 실무자가 논의용으로 만든 문건이라 했지만, 나중에 상당히 이행되었다.

전 정권 임명 이사와 사장 탈법적 해임

문재인 정부가 들어선 후 방송통신위원회는 감사원의 감사 결과 업무추진비를 유용했다는 이유로 강규형 KBS 이사(명지대 교수)를 해임했다. 법원은 해임될 정도의 사안은 아니라고 판결했지만, 이전에 그의 KBS 이사 해임은 실행됐다. 정권은 강규형 이사 해임 후 여권이 다수가 된 KBS 이사회를 통해 전 정권에서 임명된 고대영 사장을 해임했다. 고 사장은 해임 처분 집행정지신청을 냈으나 기각되었고, 그 후 해임 취소소송을 하여 1심에서 패소하나 2심에서 승소했다. KBS는 상고하였으나 대법원은 상고를 기각해 해임취소가 결정된다. 그러나 이미 그의 사장 해임은 실질적으로 실행되어 해임취소 승소가 의미가 없게 되었다.

KBS 사장 해임 '방송법 위반' 무효 판결

2023년 6월 대법원이 확정한 서울고법의 고대영 전 KBS 사장 해임 무효 판결문은 "이사들 구성의 변화, 특히 야당 성향이었던 강규형 이사를 해임한 것은 참가인 공사의 여권 성향의 이사들이 원고의 해임을 제청하기 위하여 그 이사회 구성을 변경시킬 목적으로 이루어진 것으로 보인다"라며 "(적법하지 않은 이사회 구성 변경은) 방송법에 반할 뿐 아니라 이사회 제청 권한을 우회적으로 잠탈"했다고 지적했다.

윤석열 정권

'국민의 방송' KBS는 '땡윤방송' 전략

"윤석열 정부는 공영방송 장악에도 마치 폭주 기관차처럼 치달았다. 공영방송 장악의 첫 작업은 문재인 정부 때 임명된 방송통신위원장과 방송통신심의위원장을 내쫓는 일이었다. 사소한 트집을 잡아 임기가 남은 방통위원장 · 방심위원장을 해임한 뒤 곧바로 KBS, MBC, EBS 등의 공영방송 이사진과 사장까지 같은 방식으로 해고 절차에 들어갔다. 이런 무자비하고 퇴행적 방송장악을 위해 방통위의 합의제 결정의 원칙과 과정은 아무렇지도 않게 무시했다."

방문진 이사 해임 무효 판결

"공영방송 KBS에는 극우성향 석간신문인 문화일보 기자 출신 박민 씨를 사장으로 보내 마침내 '땡윤 방송'으로 변모시켰다. KBS는 윤 정권에 비판적인 뉴스앵커, 시사프로 진행자를 예고도 없이 한꺼번에 교체하고 프로그램도 폐지했다. 요즘 KBS는 '국민의 방송'이 아닌 '박민의 방송', '국영 방송'이란 조롱을 받고 있다. 방통위는 MBC에서도 대주주 방문진 이사장과 이사들을 해임했지만, 법원의 무효 판결로 제동이 걸린 상태다."(김성재, 2024. 4. 1.)

2) 보도국까지 침윤된 정권 종속: 보도국의 분열

민주화 이후 공영방송은 규범적으로 그야말로 방송의 민주화를 달성한 결과, 정치적 독립성을 유지하면서 집권 정치세력이든 특정 정파나 이념에 경도됨이 없이 공정한 방송을 구현함으로써 전반적인 시민의 신뢰를 받는 상태를 지속해야 했다. 이때 공영방송 보도국 기자들은 공정한 방송 저널리즘에 관한 전문직주의professionalism를 성찰하고 실천하는 전문직 집단으로서 직업적 자부심을 공유하고 서로 연대하고 일치하는 전문직업인이 되었을 것이다. 그러나 현실은 그렇게 되지 못하였다.

민주화 이후에도 여전히 정치 종속적 지배구조 문제를 해결하지 못한 공영방송은 진보-보수-진보로 정권교체를 거치는 동안 뜻밖에 보도국 내 정파적 분열을 경험해야 했다. 현행 지배구조 모델에서 공영방송 보도국은 정권교체 때마다 정치판처럼 구정권 세력에서 신정권 세력으로 라인업이 바뀌고 내편 네편 나눠지면서 동료 기자들끼리 갈등하고 분열하게 되었다. 이명박-박근혜 보수 정권 시절 보수파 기자 집단이 득세하고 진보파 기자 집단이 저항 세력이 되었다면, 이제 문재인 진보 정권이 출범한 이후 그간 핍박을 받았던 진보파 기자집단이 득세하고 보수파 기자 집단은 보도국 내 비판 세력이 되었다.

이때 공영방송은 정치권력의 보도국 침윤과 내용 간섭을 방어할 만한 전문직 주의 또는 저널리즘 문화를 갖추고 있지 못했으므로 공영방송의 정치 종속 현상은 경영진의 단계를 넘어 보도국

조직까지 확대됐다.

가령, 김대중 대통령 시기 KBS 보도국에서 이런 일도 있었다. 2001년 5월 어느 날, KBS 9시 뉴스는 안동수 법무부 장관 임명자의 이른바 '충성메모' 사건을 보도하지 않았다. KBS 기자의 특종기사였는데도 누락시킨 것이고, 대신 타 방송사에서는 보도를 했다. 노조와 기자들이 항의 하자, 당시 KBS정치부장은 일선기자들과의 간담회에서 "국민의 수신료로 운영되는 KBS는 국민이 선택한 정부와 대통령에 대해 제대로 개혁을 추진할 수 있도록 지원해야 한다"며 "무조건 정부를 비판하는 것만이 능사는 아니며 국민의 정부(김대중)가 보수세력으로부터 불필요한 공격을 받을 때 KBS는 일정한 거리를 둬야 한다"고 말했다.(기자협회보, 2001. 6. 16., 강형철 2004, 121-122에서 재인용)

그때까지 권위주의 정권 아래서 권언유착 관행의 잔재가 고스란히 남아 있던 한국 공영방송사의 보도국이 정치권력의 영향력 확대를 오히려 내재화하는 경향까지 보인 사례일 것이다. 나아가 공영방송 보도국의 일부 구성원은 "정치권과 연계하여 그들과 같은 세계관과 이해를 공유하고", "때로 독자적인 외부 네트워크를 형성하고 간부와 경영진으로 승진하며 보도통제의 전선에 서게 된다. 이들은 청와대 등 권력기관으로 바로 이동하기도 했다.(강형철, 2014, 3) 이렇게, 공영방송 경영진을 구성한 정치권력의 주문대로 공영방송 보도국 인사는 정치적 코드가 작용했고, 그 결과 주요 정치 보도 제작인력의 승진과 보상 체계에 정치적 연줄망이 작용하는 관행이 정착하면서 공영방송의 보도국의 정치 종속화는 가속화되었다. 결국, 한국의 공영방송은 민주화 이전이나 이후 모두 정치적 독립성을 실천적으로 경험하지 못하고, 그래서 외부 정치권력의 보도국으로까지 영향력 확대를 방어할 수 있는 '저널리즘 문화' 또는 '전문직문화'를 예비하지 못한 상태에서 사장과 임원진뿐만 아니라 보도국 조직까지 정치적 의존 관계의 틀에서 갇히게 됐다.(최영재, 2014)

3) 노조의 저항, 그리고 권력화 문제

대법원, 파업 정당성 인정, "공정방송은 언론인의 근로조건"

민주화 이후 연합뉴스, KBS, MBC, YTN에서 노조와 기자협회에 의한 낙하산 사장 반대 파업 투쟁은 권력의 개입과 간섭에 의한 언론자유와 공정방송 훼손에 항거한 민주주의 수호 운동으로 평가되어야 마땅하다. 장기간 파업과 해고, 해직, 한직 발령 등 적지 않은 공영방송 구성원 등의 희생을 통해 공영방송은 사장 추천제와 편집국장 직선제 등 공정방송을 위한 제도적 틀과 실제로 권력을 감시하는 좋은 저널리즘을 구현할 수 있었다.

대법원도 낙하산 인사에 저항한 노조의 파업을 공정방송을 위한 정당한 행위로 인정해서 의미를 더한다. 2012년 이명박 정권이 낙하산 인사인 김재철 사장 퇴진과 공정방송 쟁취를 위한 MBC 직원들의 파업에 대해 대법원이 무죄를 확정하고 파업의 정당성을 법적으로 인정한 것이다. 대법원은 사건 발생 10년 만인 2022년 "방송 공정성 실현을 위해 마련된 제도적 장치가 제대로 기능하지 못해 근로조건에 영향을 미치게 되었다면, 부득이 쟁의 행위에 나아가는 것은 근로조건에 관한 분쟁에 해당한다"고 판시했다. 공영방송 지배구조의 종속성과 그에 따른 정권의 낙하산 사장 인사가 언론인의 근로와 삶의 조건인 공정방송에 나쁜 영향을 미쳤으며, 따라서 공정방송과 근로조건 훼손에 저항하는 쟁의 행위는 정당하다는 것이다.

노조의 정치 권력화 문제

그러나 방송노조가 공영방송을 예속화하려는 정권과 저항하고 싸우는 과정에서 어느새 스스로 정치세력이 되고, 심지어 의견을 달리하는 내부 구성원과 집단에 대해 억압, 배척하고 징벌을 내리는 '권력'이 되었다는 비판이 제기된다.

특히 가장 민주주의적일 것으로 기대했던 문재인 정권이 탄핵 정국으로 약화된 경쟁 정당 집단을 적폐세력으로 몰아 억압하고 단죄하는 과정에서 공영방송 노조 세력이 이에 편승, 협력하는 한편, 내부의 '적폐'를 찾아 단죄하였던 일은 방송노조의 정치 권력화 현상으로 불러도 무방할 것이다.

"소위 좌파를 자처하는 민노총 언론노조 지부가 회사를 점령한 KBS와 MBC, YTN 등에서 그들의 파업에 동참하지 않았다는 이유만으로 인격 침해와 인사 보복 등 온갖 탄압에 시달리고 있는 언론인들에 대해 민노총 언론노조는 가해자였다. 2017년 당시 언론노조 KBS 본부는 버젓이 사내 게시판에 파업에 불참한 보직자들의 명단을 공개하며 불이익을 공언했고, 이후 실제로 이 블랙리스트대로 인사 보복이 자행됐다. MBC는 언론노조에 동조하지 않았던 88명의 기자를 모두 비취재 부서로 발령한 후 5년이 넘은 지금까지 방치하고 있다. YTN 역시 KBS와 MBC처럼 민주당의 공영방송장악위원회 문건에 따라 구성된 '인민위원회식' 미래발전위원회와 노조가 떼로 몰려다니며 파업에 반대하거나 불참한 동료들을 숙청하고 5년 내내 그리고 지금까지 인사 보복을 이어가고 있다."(대한민국언론인총연합회, 2023. 5. 11.)

문재인 정부 시기, 노조의 지지를 받거나 또는 노조위원장을 했던 인사가 정권과 교감하에 공영방송 사장과 임원이 된 사례는 이명박, 박근혜 정부 시기의 낙하산식 인사와 이렇다 할 차이를 발견하기 어렵다. 오히려 이제 진보 정권에 의한 낙하산 인사에 대한 '적폐 세력'으로부터의 별다른 저항이 없이 공영방송을 장악한 노조 세력은 문재인 정권과 여당인 더불어민주당과 코드를 맞추고 야당인 보수정당은 적대시하는 편파의 길로 갔다.

이러한 공영방송 노조 세력의 권력화와 제어되지 않은 편향 방송은 뜻하지 않게 나타난 윤석열 정권의 공영방송에 대한 무도한 공격과 약탈의 빌미를 제공한 것도 사실이다.

민주화 이후 설립된 공영방송 노조는 지배와 종속을 강요하는 정치권력에 맞서 저항하고 투쟁하면서 방송보도의 독립성과 공정성을 확보하는데 상당한 기여를 했다. 그러나 노조의 투쟁이 근본적인 공영방송 지배구조의 독립성 목표에 맞춰지지 못하고 상대편 정치권력과 싸워서 이기는 정치적 쟁투에 몰두하게 됨으로써 그 과정에서 어느새 스스로 정치 권력화하는 함정에 빠져 버렸다. 그래서 그동안 장악하려는 정치권력으로부터 지배구조의 독립을 추구해 왔던 공영방송은 이제 스스로 권력화한 노조세력으로부터도 독립해야 하는 새로운 과제를 안게 되었다고 말할 수 있다.(이춘구, 2014)

제4장

공영방송의 자유 독립 방안

둘째, KBS는 권력으로부터 독립해야 한다. 정치적으로 중립을 지키지 않으면 정치에 예속될 수밖에 없다. 뿐만 아니라 금력이나 그 어떤 불순한 목적을 추구하는 것으로부터도 독립해 자유로워야 한다.

박권상, 김대중 대통령에게 보낸 〈KBS 사장 수락을 위한 약속 7가지〉 (1998)

1 공영방송 실질적 독립의 유일 사례

민주화 이후에도 사실상 대통령 권력의 지배하에 있는 공영방송을 어떻게 할 것인가. 사실 대통령 권력을 공영방송으로부터 분리하면 될 터인데, 그것이 '코끼리를 냉장고에 넣기'처럼 생각과 말로는 쉬운데 실제 실행은 녹록지 않다.

그런데, 공영방송 역사상, 대통령으로부터 공영방송을 독립 운영했던 유일한 사례가 있었다. 바로 김대중 대통령 시기 KBS 박권상 사장 때이다. 이 사례는 독립성이 하나의 전통과 문화로 자리 잡은 영국 BBC와 달리 권위주의적 대통령 권력의 영향력 행사를 당연히 여기는 우리 공영방송 문화에 커다란 균열을 낸 의미 있는 사건으로 기록될 만하다. 박권상 사장의 사례를 공영방송의 지배구조 독립을 위한 법규범과 제도를 만드는 전범으로 삼을 수 있기 때문이다.

1) 박권상의 'KBS 사장 수락을 위한 약속' 7가지

1998년 15대 대통령으로 취임한 김대중 대통령으로부터 KBS 사장 제의를 받은 박권상은 〈KBS 사장 수락을 위한 약속〉이라는 메모를 김대중 대통령에게 전달했다. 이 메모는 박권상이 사장으로 재임하는 5년 동안 KBS 업무용 다이어리 커버 안쪽의 투명 포켓에 간직했다고 한다.(김영희, 2019, 305-306)

첫째, 우리 대한민국도 영국의 BBC와 같은 국가적 제도 또는 공적 기관이 꼭 필요하다고 생각한다. 영어로 Institute에 해당한다. KBS는 영국의 BBC와 같은, 나라를 대표하는 공적 기관이 되어야 한다.

둘째, KBS는 권력으로부터 독립해야 한다. 정치적으로 중립을 지키지 않으면 정치에 예속될 수밖에 없다. 뿐만 아니라 금력이나 그 어떤 불순한 목적을 추구하는 것으로부터도 독립해 자유로워야 한다.

셋째, 인사에 간섭이 일절 없어야 한다. (대통령이) 철저히 차단해 주셔야 한다.

넷째, 재정적으로 건전해야 한다. 필요하다면 (KBS법, 방송법) 고쳐야 한다.

다섯째, 운영(편성, 보도, 제작)에 절대로 개입해서는 안 된다.

여섯째, 진실하고 객관적인, 공정한 뉴스가 (멀리 보면) 국익에 도움이 된다. 때로 진실이 불편하더라도 참으셔야 한다.

일곱째, (이런 일들을 제대로 자리 잡게 하려면) 적어도 10년쯤 시간이 필요하겠지만 (대통령께서 임기가 있으니까) 최소한 5년은 함께 가야 한다.

권력으로부터 인사 편성 제작의 독립과 불간섭을 요구하는 7개 항목의 메모를 전달받은 김대중 대통령은 "역시 박권상답구만" 그러면서 사인했다고 한다. 박 사장은 임명권자인 대통령이 단한 번 직접 인사 부탁한 적이 있지만 그마저도 수용하지 않았다고 퇴임 후 술회하며 자신의 인간적 잘못을 관용으로 이해해 준 김대중 대통령의 통 큰 정치에 감사한다고 언급한 바 있다. 언론은 국민과 권력 사이의 존재인 만큼 속성상 권력을 무시할 수 없지만 유착되지 않고 일정한 거리감을 유지하며 권력을 감시하는 것이 중요하다고 말했다. 실제 자신은 정치권의 많은 유혹에도 불구하고 끝까지 언론인만으로 생을 마감했다.(진홍순, 2014)

박권상은 1970년대 〈동아일보〉의 영국 특파원으로 활동하며 세계적인 공신력을 지닌 영국 공영방송 BBC 독립성의 중요성을 깨닫게 되었다. 박권상은 런던 특파원으로 스페인의 프랑코 총통의 죽음을 앞둔 스페인 정세를 취재했는데, 이때 스페인 언론은 독재 체제에 길든 상태였고 진실을 말하지 않는 유신체제 이후 우리나라 언론과 유사한 상황이었다. 흥미로운 점은 당시 스페인 주재 한국 대사관의 스페인 전문가와 〈인포마초네〉의 주필 역시 BBC의 〈월드서비스〉를 참조하여 정세를 이해한다는 사실이었다. 박권상은 이 경험을 통해 BBC의 공신력과 공영방송의 역할에 대해 깊은 인상을 받게 되었다.(김영희, 2019)

김대중 대통령과 담판을 통해 KBS의 독립성을 실천할 수 있었던 박권상의 행동은 영국 BBC의 독립성 모델을 KBS에 적용한 결과였던 셈이다.

2 공영방송 독립에 영향을 미치는 요인

1) 독립성 법제도 마련이 우선 조건

KBS, MBC 등 공영방송에서 발생하는 거의 모든 문제는 언론의 독립성 문제로 귀결된다. 공영방송의 법과 제도적 독립이 없이는 공영방송을 둘러싼 어떤 문제든 근본적으로 해결되지 못한다. 이것은 일제 식민지하에서 벌어진 거의 모든 문제가 근본적으로 '대한 독립'의 부재 문제로 귀결되는 것과 같다. 대한민국의 명실상부한 독립을 전제하지 않고서는 일제의 문화통치, '민족개조론', 친일, 식민지 근대화론 등의 문제는 근본적인 해결이나 해답을 찾을 수 없다.

공영방송의 '법적 독립성'은 사장 임명과 해임 등 인사appointments 절차에 정부와 의회 등 정치권력의 간섭을 배제하고, 수신료 책정과 기채 등 재정 운용과 경영 감독 등 공영방송에 대한 규제sanctions 또한 정치권력의 영향권 밖에서 독립적으로 운영하는 제도의 마련 정도를 의미한다.(Hanretty, 2009)

물론, 공영방송의 법적 독립성 제도를 갖추고 있는 선진국에서조차 정치권력이 공영방송 인사와 보도 내용에 간섭한 사례가 있었다. 영국의 BBC조차 처칠과 대처 총리 집권시절 독립성 훼손의 위험에 놓였던 사례가 있고, 일본 아베 정권하의 일본 NHK, 이탈리아 등 남부유럽 국가의 공영방송도 실질적인 독립성 보장이 잘 안되는 경험을 하기도 한다.

그러나 공영방송의 실질적 독립성이 높은 수준에서 실현되고 있는 국가, 또는 시기에는 예외 없이 높은 수준의 법적 독립성 장치가 뒷받침되었다는 공통 요인을 확인할 수 있다.[11] 결국, 공영방송의 실질적 독립성 보호를 위해서는 법적 독립성 장치 마련이 선행되어야 한다는 것이다.

공영방송의 실질적 독립을 위해서는 법적 독립성 장치와 함께, 정권의 공영방송 후견 주의 문제의 해소, 그리고 경쟁적 정치 상황의 조성이 중요한 선행 요건으로 작용한다는 연구도 있다.(김상유·이준웅, 2017) 즉 특정 국가 공영방송의 법적 독립성 정도가 동일한 경우 일당 장기 집권 등 정치적 경쟁이 낮을수록, 또 집권 세력이 공영방송의 후견자로서 지배 관리할수록 공영방송의 실질적 독립성이 저해된다는 것이다. 자민당 장기 집권 상황에서 아베 정권의 후견 주의 정책이 결과적으로 공영방송의 NHK의 실질적 독립성을 저하한 사례가 이에 해당한다고 할 수 있다.

결국 민주화 이후에도 공영방송의 실질적 독립을 실현하지 못하고 있는 한국의 공영방송의 문제는 정치 종속적인 공영방송 지배구조 제도와 정권과 공영방송의 후견 주의 관계 지속, 그리고 경쟁적인 정파들의 공영방송 개혁안 합의 도출의 실패에서 비롯

11 한레티(Hanretty, 2009)는 전 세계 36개국을 대상으로 조사한 결과 법적인 독립성 장치가 공영방송의 실질적인 독립성 실현에 절대적인 영향을 미치는 요인임을 밝혀냈다. 가령, 스페인 공영방송 RTVE에 대한 자파테로(Zapatero) 사회당 정부의 공영방송 지배구조 개혁 (의회에 의한 12명의 이사 구성 제도 도입)으로 실질적인 독립성 수준을 한층 높혔다. 스페인 사회당 정부에 의한 RTVE개혁은 후견 주의적이고 당파 주의적인 정치관행 때문에 결국 실패로 귀결나고 있다는 분석이다(조항제, 2014).

되고 있는 것으로 설명할 수 있다.

[표 2] 국가별 공영방송의 정치적 독립성 정도(실질적 대 법적 독립성)

<table>
<tr><th colspan="2" rowspan="2"></th><th colspan="2">실질적 독립성</th></tr>
<tr><th>높음</th><th>낮음</th></tr>
<tr><td rowspan="2">법적
독립성</td><td>높음</td><td>BBC(영국)
ZDF(독일)
SRG-SSR(스위스)
중, 북부 유럽 국가</td><td>NHK(아베 정권)
RAI(이탈리아)
남부 유럽 국가</td></tr>
<tr><td>낮음</td><td></td><td>KBS(진보 정권)-KBS(보수 정권)
동부유럽, 남미 국가</td></tr>
</table>

출처: 최영재 (2020).

2) 공영방송 독립을 위한 법적 제도적 요건

그동안 공영방송 사장은 어차피 정치적 임명이기 때문에 정치적 타협을 통해 공영방송의 문제를 해결할 수 있다는 체념과 패배주의적 주장도 있어 왔던 것이 사실이다. 그러나 민주화 이후 경험해 왔듯이, 적당한 타협과 체념은 공영방송의 정치적 종속관계에 고착화하고 때로는 악화를 허용하는 결과를 만들어 냈을 뿐이다.

한국의 공영방송은 현재 스스로 정치적 독립성과 언론 자유를 쟁취할 수 있는 축적되고 단합된 '저널리즘 문화'와 같은 내부 동력을 가지고 있지 못한 상황이다. 오히려 보도국의 정파적 분열로 인한 내부 갈등, 냉소주의, 소극적 보도, 책임회피 주의가 문제되고 있다. 이런 상황에서 공영방송 내부의 언론자유 신장을 위한 저널리즘 운동의 촉발과 전개도 중요하지만, 민주화 이후 공영방송 그간의 역경에 비추어 볼 때, 무엇보다 공영방송이 한 번도 경험하지 못했던 정치적 독립성을 먼저 부여함으로써, 거기에서 전근대적인 정치적 종속구조에서 탈피한 한국 공영방송의 고유한 저널리즘 문화를 스스로 창출할 때만이 해묵은 공영방송의 불공정 보도 논란을 불식시킬 수 있을 것이다.(최영재, 2014)

종속화 구조 존속을 위한 정권의 작용에 대해 공영방송 구성원들의 저항적 반작용은 나름대로 공영방송 독립을 위한 법적 사회적 합의를 끌어내는 성과도 있었다. 2010년 이후 사법부의 판결들은 공영방송의 독립성에 관한 진전을 보여준다.

[표 3] 2010년대 이후 공영방송 독립성 관련 주요 판결

주제	재판 사건	판결	연도	비고
공영방송 사장의 인사권에 대한 정권의 개입	정연주 전 KBS 사장에 대한 해임	부당	2008 (2012)	
방송의 공정성에 대한 근로조건과 시스템 요구 파업	MBC 노동조합의 2012년 파업에 대한 업무방해	정당	2012 (2022)	
공영방송 보도에 대한 정부의 개입	이정현 전 대통령 홍보수석의 보도 개입		2014 (2019)	1심. 징역형 2심. 벌금형 3심. 벌금형
사장의 보도 통제에 따른 시청자의 신뢰 훼손 해임	길환영 전 KBS 사장에 대한 해임	정당	2014 (2016)	
법적으로 보장하는 KBS 사장의 임기 중요성	고대영 전 KBS 사장에 대한 해임 판결	부당	2018 (2023)	1심. 적법 2심. 위법 3심. 위법

출처: 조항제 (2023, 15)

법원의 판단을 요약하면, '공영방송에 대해 정부는 부당하게 인사권을 행사하거나 자의적으로 보도에 개입해서는 안 되며, 사장 또한 마찬가지다. 방송노조는 보도의 공정성을 위해 파업과 같은 집단행동을 할 수 있다. 기본권으로서 언론의 자유는 존중받아야 한다'는 것이다.(조항제, 2023, 16)

3 정파초월 대타협 합의 방안

1) 민주당은 대오각성해야 한다

지금의 공영방송 독립성 침탈 사태는 문재인 정부의 무책임한 독립성 공약 파기에서 비롯됐다고 볼 수 있다. 문재인 정부는 집권 이후 대통령 공약사항이자 여야가 이미 합의한 공영방송의 독립성을 위한 지배구조 개혁안을 신빙성 있는 근거도 없는 대통령의 이의제기 등을 이유로 스스로 파기했다.

이후 야당의 합의를 끌어내기 어려운 방송통신위원회 자문기구의 대안(방통위안)을 내놓고 정치적 논란만 벌이다 임기가 다 할 때까지 이렇다 할 공영방송 독립성 성과를 내지 못했다. 윤석열 대통령으로 정권이 넘어간 이후에는 여소야대를 이용하여, 이전부터 추진해 온 국민추천이사제를 골자로 한 방송법개정안을 추진했으나 별로 주목도 못 받고 대통령의 거부권 행사로 무산됐다. 대통령이 거부권을 행사하지 않고 받아들일 정도로 협상가능하고 탄탄한 공영방송 독립 법안을 의지를 가지고 추진했는지도 의문이다.

민주당은 문재인 대통령 시기 독립성 공약 파기를 대오각성, 사과하고 공영방송 지배구조 구성과 운영에 정치권력이 개입하지 않는 합의안을 마련하고 실천하려는 노력을 진정성 있게 보여줘야 할 것이다.

2) 윤석열 정부 낮은 지지도와 합의 가능성

결국, 공영방송의 실질적 독립성 문제는 집권 세력의 문제로 귀결된다. 공영방송의 독립성을 저해하는 핵심적인 이해당사자는 바로 정부와 집권 세력이기 때문이다. 따라서 공영방송의 독립성은 정권이 스스로 공영방송에 대한 개입을 차단 또는 제한하는 법적 장치를 마련하고, 이러한 민주적 법치를 통해 공영방송에 대한 정권의 후견 주의 관행 문제를 극복해 나가는 길밖에 없다. 아울러 행정부가 이념과 정파성이 아닌 실용적인 정책 전문성에 입각해서 공영방송 정책을 수행함으로써 공영방송의 전문직 주의와 독립성 가치도 존중할 필요가 있다.

그러나 윤석열 정부가 공영방송의 독립이 아니라 장악 의도를 드러내고 있어서 문제다. 하지만 여소야대 상황에서 낮은 대통령 지지도는 공영방송 독립을 추진할 호재이다. 지금까지 경험에 비추어 보면, 공영언론의 독립을 위한 명실상부한 법과 제도의 마련은 집권 세력의 권력 독점이 아니라 경쟁적인 정치 환경에서 가능성이 높아진다. 문재인 대통령이 공영방송 독립 공약을 무책임하게 파기할 수 있었던 것도 당시 탄핵사태로 인해 정부 여당이 다수당이 된 상태에서 경쟁적인 야당의 항의와 저항이 거의 없었기 때문으로 해석할 수 있다.

그동안 공영방송 지배구조 독립을 위한 다양한 방안을 놓고 설왕설래 여야가 대립하고 갈등하는 것처럼 비쳤지만, 결국 중요한 것은 어떤 정파, 어떤 정당이 집권하든 대통령 권력이 공영방송에 일체 개입하지 않는다는 합의안을 마련하고 이를 실천하는 데 있다고 할 것이다.

한국 공영방송의 지배구조의 정치독립성의 저해 요인으로 지적되어 온 정치적 후견 주의 문제를 해소하기 위해 현재 그리고 미래의 집권 세력이 공영방송의 인사appointments와 규제sanctions에 개입하지 못하도록 서로 견제하는 합의안을 도출해 내야 한다. 또한 방송통신위원회와 행정부 등 규제기관도 이념과 정파성이 아닌 실용적인 정책 전문성에 입각해서 공영방송 정책을 수행할 수 있도록 규제기관의 독립성 개혁안에 합의하고 실천할 필요가 있다.

4 언론과 시민사회, 독립성 운동에 집중하기

문재인 정부가 공영방송의 독립성 개혁의 계기를 놓쳐 버리고, 이후 윤석열 정부의 언론 탄압과 침탈이 자행되는 지금 상황에서, 후견 주의 문제를 타파하고 공영방송의 정치적 독립 개혁 운동을 추동할 민주적 정치 사회단체와 시민 세력, 공영방송 종사자들의 결집은 당연한 일이라고 할 것이다. 공영방송 독립운동을 위한 세력 규합을 통해 정권에 압력을 가하는 방법 외에는 이렇다 할 대안이 없는 상황이기 때문이다.

하지만 시민 세력과 공영언론의 노조 세력은 정권의 언론 장악에 저항하는 과정에서 어느새 현행 후견 주의 정치 체제의 일원이 되어 정파적 대립과 분열의 주체로 편입되기도 하였다. 심지어 일부 노조 세력은 스스로 정치세력화, 권력화 과정을 거쳐 때로는 권력을 탐하고 실제로 지배 세력이 되기도 하였다.

지금 시민사회와 언론노조에 필요한 것은 내부 민주화 노력을 통해 정파화와 권력화 문제를 극복하는 한편, 정권과 투쟁 과정에서 뒷전으로 밀려나 버린 본래 언론민주화운동의 어젠다였던 공영방송의 독립 문제를 최우선 과제로 복원하는 일이다.

5 공영방송의 독립성 가치의 내재화

정치권력의 공영방송 개입은 공영방송 종사자들의 전문직주의professionalism를 훼손, 약화시키고 언론자유 실현을 방해함으로써 공공방송의 공공재적 가치를 저하시키는 경향이 있다.(Hallin&Mancini, 2015) 한국에서도 공영방송의 정치적 종속은 저널리즘 가치의 약화를 초래했다. 문제는 공영방송의 정치적 독립을 한 번도 경험하지 못한 한국의 기자들이 어떻게 독립성 가치를 내재화하고 그것을 저널리즘적으로 실천할 수 있는가이다.

2003년 이른바 길리건기자 사건을 놓고 영국 BBC와 총리실이 갈등 상황에서 BBC의 한 구성원은 BBC에 개입하려는 총리실을 비판하며 '독립성은 BBC의 뼛속까지 배태되어 있다'고 쓰고 있다. 100년 역사 BBC의 독립성 전통에서 나오는 것이겠지만, 우리 공영방송도 독립과 저항의 민족적 DNA를 가지고 있지 않은가?

"총리실의 뉴스 조작자들을 격분하게 만드는 것은, 늘 그래 왔듯이, BBC가 오랜 세월 고초를 겪었으면 달라졌을 것 같은데 달라지지 않는다는 사실이다. 총리실 사람들은 이렇게 말한다. "우리는 개빈 데이비스Gavyn Davies를 BBC 이사장으로 임명했지. 고든 브라운Gordon Brown총리의 정치 보좌관이 그의 부인 아닌가? BBC 사장 그랙 다이크Greg Dike는 우리당 지지자 아닌가? 이 사람들은 우리가 다음번에 BBC 헌장을 없앨 수 있다는 것을 알고 있는 거야?" 그런데 총리실이 아직 깨닫지 못하고 있는 것이 있다. 독립성은 BBC의 뼛속까지 배태되어 있어서 정부의 압력에 굴복하는 것은 있을 수 없을 뿐만 아니라 굴복은 BBC의 모든 구성원과 영국 문화, 그리고 궁극적으로 정부에게도 좋지 못한 일이라는 것이다."(Tusa, 2003. 7. 22.)

제3부

뉴스채널과 대통령 권력

"YTN이 대통령과 정부 정책 홍보에
도움이 되려면 이 방송이 정부의
직접적인 지배하에 있는 제2의
국영방송이구나 하는 인식을 국민들에게
심어주어서는 안 된다고 생각합니다.
K 장관은 누구나 다 아는 대통령 각하의
측근인데 지금 이 마당에 사장으로
오게 되면 그 같은 인식을 심어 주지
않겠습니까?"

현소환 YTN 초대 사장, 1994년 12월 YS 아들 김현철과 담판

제5장

한국 뉴스채널의 공영적 정체성 역사

2. 종합 뉴스 프로그램공급업의 목적
   가. 국민들에게 풍부한 정보 물량 제공
      - 국내에서 가장 많은 국내외 뉴스와 경제 관련 정보를 확보, 24시간 서비스하고 있는 연합통신이 종합 뉴스 프로그램 공급사업에 참여하면 시시각각 확보되는 국내외 각종 정보를 24시간 방송 체제로 국민들에게 신속 · 정확하게 전달해 국민의 의식 수준 향상과 국제적 시야 확대에 이바지.

연합TV 뉴스(YTN) 허가 신청서 (1993)

1 최초의 뉴스채널 YTN의 공영적 정체성 형성 과정

1) '연합통신'이 YTN을 맡게 된 경위

YTN의 개국 과정

YTN은 1993년 8월 31일 당시 '연합TV뉴스YTN'라는 이름으로, 종합유선방송 종합보도 분야 유일한 프로그램 공급업체로 선정됐다. 프로그램공급업 허가를 받은 법인은 YTN을 포함해 11개 분야 20개 업체였으며, 경제 전문 보도 분야에 매일경제의 〈MBN〉이 포함돼 있었다.

이날 오인환 공보처 장관은 종합 보도채널로 연합통신이 선정된 배경에 대해 "종합 보도채널은 이를 다룰만한 역량과 준비, 훈련, 자금을 갖춰야만 가능한 것"이라며, "연합통신은 방대한 취재진이 있고 다년간 준비를 해온 것으로 평가가 됐다. 게다가 연합통신 외에 종합 보도채널을 신청한 데가 없었다"고 밝혔다.(최영재, 1993. 8. 31.)

뉴스채널 YTN의 허가를 받아낸 당시 연합통신의 지배주주는 KBS와 MBC 등으로 구성되어 있었다. 그리고 KBS와 MBC 이사회 구성 및 사장 임명은 사실상 청와대의 지명에 따라 낙하산식으로 이뤄지고 있었다. 이런 지배구조 때문인지 당시 공보처 고위 공무원들은 연합통신을 도와줬던 '무용담'을 때때로 들려주면서 연합통신에 대해 '우리가 남이가~~'라는 식의 정서를 보였다.

당시 뉴스채널 허가는 신문사들도 관심을 보이기도 하여서 민감하고 조심스러운 일로 여겨졌다. 주무부처인 공보처 공무원들은 '뉴스채널은 권력'이라며 자칫 뉴스채널이 정권의 비판 또는 대항세력이 될 수 있다는 뉘앙스로 말하곤 하였다. 이런 상황에서 청와대-(KBS)-연합뉴스로 이어지는 후견 구조를 가지고 있는 연합뉴스에 YTN을 맡기는 것이 정권으로서는 최선의 선택이 될 수 있었다.

YTN으로서도 당시 신생 케이블TV 산업의 미래가 불투명한 상황에서 정부의 가부장적 보호를 받는 것은 필요하고 자연스러운 일이기도 했다. 이같은 YTN과 정권의 관계는 대신 YTN의 정치적 독립성의 포기 또는 유보를 의미하는 것이었다. 당시 연합통신은 유력 신문사 등과 경쟁 속에서 뉴스 전문 채널의 허가를 획득해야 하는 데 집중해야 했으므로 '정치적 독립성'을 염두에 둘 여유가 없었고, 또 당시에는 '정치적 독립성'이 주요 이슈로 부상하지도 않았다.

허가를 받을 때, 연합TV뉴스YTN는 연합뉴스(당시, 연합통신)를 재배주주로 하는 12개 컨소시엄 참여자로 구성되었으며, 참여자의 지분율, 출자액은 다음과 같다.

연합통신(30%, 45억 원, 지배주주) / (주)쌍방울, 제일산업, 한국관광공사, 한국상업은행 (각 10%, 각 15억 원) / 민중병원 (7%, 10.5억 원) /성원토건, 장규찬 씨, 전남일보 (각 5%, 각 7.5억 원) / 일동제약, 한림제약 (각 3%, 각 4.5억 원) / 보성주택 (2%, 3억 원)

YS정부와 YTN은 공동운명체

1995년 3월 1일 낮 12시 보신각 타종을 생방송하면서 애국가 1절이 나가고 'YTN 24' 뉴스 타이틀이 화면에 뜬 후 우장균 김소영 두 앵커의 뉴스 보도 개시로 YTN은 첫 개국 방송을 했다. 개국 당시 YTN을 시청할 수 있는 케이블TV 총가입 가구는 9만 7,463가구에 불과했다. 방송을 시작한 1995년부터 1997년 3년 동안 YTN의 순 손실액은 무려 985억 원이었다. 시장 논리로 말이 안 되는 이런 일이 어떻게 일어날 수 있었을까?

1993년 2월에 출범한 김영삼 정부의 8대 주요 정책 중 하나로 종합유선방송(케이블TV)을 포함한 뉴미디어 정책이 있었기 때문이다. 케이블채널들이 개국한 1995년 김영삼 정부는 전년도에 선정한 부산, 대구, 광주, 대전에 지역민방을 개국시키고, 8월에는 미국 플로리다주에서 국내 최초 방송통신 복합 위성인 무궁화 1호를 발사시키는 등 방송영상산업 진흥을 적극적으로 추진하고 있었다.

정권 초기, 케이블TV의 안착은 정권의 문제가 되는 구조여서 가부장적인 정부는 정책적, 재정적 지원을 제공하고 YTN을 포함한 사업자들의 초기 투자를 종용하면서 한편으로 케이블 가입가구 배가 운동을 벌이기도 하였다. 이 과정에서 대통령 측근인 김재광 의원의 동생 김재기가 종합유선방송협회 회장(낙하산)이 되어 산업이 진흥하려면 홍보가 중요하다며 1년에 1백억 원의 홍보비를 책정하기도 하였다.

정부(공보처)가 당시 신설한 종합유선방송위원회를 통해 뉴스, 영화, 교육, 종교 등 케이블채널 분야도 지정하고 탑다운 방식으로 분야별 채널 사업자를 선정하는 등 신속하게 뉴미디어 정책을 시행했다. 주무부처인 공보처는 서정환 방송국장, 황현탁 유선방송 과장과 이창수, 김기홍, 박민권 사무관이 정책 수립과 지원을 맡았다. 삼성, 현대, LG 등 대기업의 케이블추진팀과 YTN을 포함한 케이블TV 채널 추진 담당자들은 자주 정기적으로 모여 최초의 케이블TV 산업과 사업을 구상하고 만들어 나갔다.

그렇게 정권과 YTN은 운명 공동체로 시작되었다.

초기 대형 사건 '행운(?)'과 YTN의 성장

YTN은 1993년 9월 28일 연합통신이 만드는 뉴스채널이라는 의미인 '(주)연합TV뉴스'로 공보처 장관 명의의 허가장을 받았다. 1994년 11월 30일부터 하루 몇 시간씩 리허설을 시작, 1995년 1월 6일 오전 9시부터 24시간 연속 리허설 방송을 시작했다. 당시 YTN은 정식사원 360여 명, 계약직 120여 명 등 모두 480명이었다.

YTN은 개국 후 얼마 안 돼 발생한 대구 지하철 도시가스 폭발 사건, 그 뒤 60일 만에 터진 삼풍백화점 붕괴 사고를 특종 보도하고 갓 들여온 SNG 위성중계차로 시시각각 생중계하여 24시간 뉴스 채널의 정체성과 위상을 각인시켰다. 삼풍백화점 사고 때는 2014년 세월호참사 때 JTBC가 그랬듯이, 피해자 가족들이 24시간 방송하는 YTN을 찾아 제보도 하고 감사의 인사도 했다. 1980

년 개국한 CNN이 1989년 이라크의 쿠웨이트 침공 때 전쟁 상황의 생중계로 세계적인 뉴스채널 브랜드로 자리 잡은 행운의 사례가 YTN에도 일어난 것이다.

혁신적인 한국의 CNN 모델 구상

연합뉴스에서 뉴스채널 출범을 준비하기 시작한 것은 1992년 2월부터였다. 당시 경제부의 전희섭 부장과 강일중 차장, 그리고 외신부 최영재 기자로 구성된 뉴스채널 추진단에서 본격적으로 국내 최초의 24시간 뉴스채널을 추진했다. 나중에 자문위원으로 김무기 전 KBS 기술국장과 김기주 전 제주 MBC 사장이 영입되고, 강형철 기자(현 숙대 교수)도 합류했다.

추진단은 미국 타틀랜타에 있는 CNN의 3차례 실무방문을 포함한 영국 BBC, SKY 뉴스, 유럽의 Euro News, 파리의 Canal Plus, 베를린의 N-TV, FAB, 홍콩의 STAR TV, 일본 동경의 JCTV 등 전세계 뉴스채널을 포함한 케이블 위성 지상파 채널 20여 군데와 미국 FCC와 프랑스 CSA 등 뉴미디어 정책기관을 방문한 결과를 담아 한국 최초의 24시간 뉴스채널 YTN 채널을 설계했다. 1993년 공보처에 제출한 채널 허가신청서에는 그같은 구상이 담겨 있다.(YTN, 1993)

CNN News-wheel 편성

뉴스 편성 전략은 30분 또는 1시간 단위로 뉴스프로그램을 반복해서 돌리는 CNN 방식의 24시간 NEWS-WHEEL 편성을 기본으로 했다. 누적 갱신 회전 방송 체제로 시청률도 누적 시청률을 산정해서 광고주에 어필하기로 했다. 수입 계획은 가입자 가구당 월 600원으로 잡았고, 광고방송은 시간당 10분(전국 광고 8분은 YTN, 지역광고 2분은 종합유선방송국에 할애)으로 계획했다.

연합통신과 동반성장 모델

당시 AP, 로이터, AFP 등 글로벌 뉴스 통신사들의 동영상 뉴스 서비스 개시를 참고하여, YTN의 출범을 계기로 연합통신이 TV NEWS AGENCY 기능을 추가 확장한 종합 뉴스 통신사로 발전하는 전략을 구상했다. 연합통신이 대주주로 참여하는 법인인 YTN이 종합 뉴스 채널로 가동할 때, 연합통신이 독립프로덕션으로 뉴스 프로그램 제작, 공급에 참여하는 모델이었다. YTN 전체 프로그램 중, 연합통신의 제작분이 국내 뉴스 23.7%, 외국 뉴스 12.9% 총 46.5%를 차지하도록 계획했다. 연합통신은 1993년 6월 말 현재 전체 기자인력 450명 가운데 380명이 방송업무 지원에 참여하도록 인력 계획을 짜고, YTN은 케이블TV 뉴스 전담 기자 90명을 신규 채용 하기로 했다. (이러한 계획은 당시 초기 케이블 가입자 예측 등 시장분석을 기반으로 작성했다. 그러나, 허가 이후 개국 준비 과정에서 KBS 등으로부터 경력 기자를 대거 채용하고 뉴스 제작 방식도 KBS 9시 뉴스 식으로 재편됨으로써 인건비와 제작비 상승으로 인해 YTN은 사실상의 도산 위기에 직면하게 된다.)

혁신적인 아이디어

추진단은 CNN뿐만 아니라 미국 뉴욕 소재 24시간 로컬 뉴스채널인 〈NewYork 1〉 채널 등 혁신적인 방송 채널들을 방문해 1인 취재 보도 체제와 1인 기자용 위성중계 보도 시스템인 SNG, 뉴스 편성의 자동 운영run-down 시스템안baysis 등을 조사한 뒤, 일부 시스템을 한국 실정에 맞게 수정, 도입했다. 문자와 정보를 화면에 흘려 가급적 많은 정보를 제공하는 뉴욕의 〈Bloomberg〉 경제 뉴스채널의 방식도 도입하기로 했다. 신뢰성 구축을 위해 외신은 빠르고 정확한 보도를 중시하고, 내신의 경우 논평을 없애 시청자 스스로 판단하도록 했다. SBS와 뉴스 공유 협약도 시도했다. 1993년 초 어느 날, 추진단의 전희섭 단장과 최영재 기자가 서울 마포가든호텔 중식당에서 SBS 김우광 기획실장과 이세경 연구원(현 이화여대 교수)과 만나 SBS 뉴스와 YTN 뉴스의 일부를 상호 편성하고, 뉴스 영상 등은 공유하는 방안을 논의하고 협약하기로 하였다. 그러나 교류 시 인력 감축 등을 염려한 SBS 보도국이 반대로 SBS와 뉴스 교류 구상은 성사되지 못했다.

● ● ●

체험기 전 세계 뉴스채널 신사유람기 (최영재)

대한민국 최초의 뉴스채널 YTN은 1992년 2월부터 본격적으로 추진됐다. YTN은 당시 연합통신 전희섭 경제부장의 추진력과 현소환 사장의 리더십이 이뤄낸 대한민국 언론의 역사라고 할 수 있다. YTN을 준비하는 과정에서 현 사장은 추진팀을 적극적으로 지지해 주고 당신이 직접 디테일을 챙기셨다. 당시 국내에서는 24시간 뉴스채널에 대한 지식과 정보가 거의 전무한 상태여서 해외 사례를 직접 가서 조사하도록 지원해 주셨다. 덕분에 나는 신혼생활을 뒤로 하고 1992년 한 해 동안 전희섭 추진단장 등을 모시고 미국의 CNN, CNBC, 뉴욕1 채널, 플로리다 디지털 VOD 시범단지, 영국 BBC, SKY 뉴스, 개국 준비 중이던 프랑스 리옹의 Euro News, 파리의 Canal Plus, 독일 베를린의 N-TV, FAB, 홍콩의 STAR TV, 일본 동경의 케이블 뉴스채널 JCTV, 케이블 東京 TV 등 전 세계 뉴스채널과 위성 케이블 채널을 거의 망라하다시피 출장 조사를 다녔다. 동시에 미국 FCC, 프랑스 CSA 등 방송 정책기관과 AP, 로이터, AFP 등 글로벌 뉴스 통신사의 영상뉴스 서비스도 방문 조사했다. 지금 생각해도 엄청난 세계 일주 시찰이었다. 이렇게 전 세계 뉴스채널과 관련 정책에 관한 지식과 사례, 그리고 인적 네트워크를 형성하고 나니 뉴스채널과 관련하여 '연합'을 따라 올 데가 없게 되었다. 공보처에서 관련 법과 시행령을 만드는 과정에 '연합'이 조언을 해 줄 정도였다. 당시, 조선, 중앙, 동아, 그리고 한국일보 등 신문사를 중심으로 뉴스채널 추진을 검토하고 있었는데, 연합이 이같이 치고 나가는 모습에 모두 신청 자체를 포기하게 되었다. 조선, 중앙, 동아는 2010년에야 종편을 소유하게 된다.

2) YTN 지배주주 공기업 재편(1999년)

공기업을 YTN 지배주주로 영입한 경위

1995년 3월 1일, 국내 최초로 24시간 보도전문채널로 개국한 YTN은 국가 기간통신사인 연합뉴스가 대주주로 참여함으로써 뉴스를 전문적으로 제공하는 미디어 기업으로 발전하여 '한국의 CNN'으로 성장할 것을 기대했다. 그러나 케이블TV 초기 보급률의 부진 등으로 YTN은 기대와 달리 좀처럼 투자 대비 수익이 오르지 않았고, 자본금이 잠식되는 상황에서 급기야 1997년 외환위기를 맞이하면서 거의 시장에서는 부도 상황에 직면했다.

YTN의 누적 적자는 1998년 말 1,354억 8,700만 원이었다. 이처럼 적자가 큰 규모로 발생한 것은 초기자본금이 부족한 상태에서 장비를 리스하고 대부분의 운영비를 은행차입금에 의존했기 때문이다. 특히 IMF로 고율(연 12~18%)의 이자를 물고 만기가 돌아와도 갚지 못한 차입금이나 리스에 최고 27%까지의 연체 이자가 붙기도 했다.

증자 여력이 없는 연합통신이 대주주로 있는 한 YTN은 위기를 극복할 수 없었기 때문에 우선 연합통신과의 분리 작업이 이뤄졌고 그다음 한전 KDN이 대주주로 영입됐다. 한국담배인삼공사와 한국마사회는 1998년 7월 16일 'YTN 회생 대책 설명회'에 이어 그해 8월 초에 주요 주주 영입 대상으로 정해졌다. 이러한 YTN의 지배구조 개편 작업은 김대중 대통령 정부와 연결망을 가지고 있는 당시 YTN 임원과 청와대 출입 기자들이 정권에 지원 요청과 공적 지배구조 유지의 필요성을 설득함으로써 이뤄진 것이었다.

(YTN의 2023년 현재 지분 구조는 한전KDN 21.43%, 한국인삼공사 19.95%, 미래에셋생명 11.94%, 한국마사회 9.52%, 우리은행 7.40%, 우리사주조합 0.20%)

"김대중 대통령은 YTN 제2의 창업자"

당시, YTN은 대통령실에 청탁을 통해 한국전력 KDN 330억 원, 담배인삼공사 440억 원, 마사회 200억 원, 한빛은행 130억 원 등 총 1,100억 원을 증자해 도산 위기를 벗어날 수 있었다. 이를 두고, 2001년 9월 어느 날, 백인호 YTN 사장은 확대간부회의에서 "YTN이 이렇게 살게 된 것은 정부가 지원했기 때문이다. 정부가 1,300억을 증자한 것은 지금으로 말하자면 공적 자금을 투입한 것인데, 김대중 대통령의 결단이라고 할 수 있다. 김 대통령은 YTN 제2의 창업자다"라고 말했다.(강형철, 2004, 122)

2 제2의 뉴스채널 '연합뉴스TV'의 정체성

1) 연합뉴스가 '연합뉴스TV'를 허가받게 된 경위

YTN을 떠나보낸 연합뉴스는 2010년 이명박 정부의 4개 종편채널과 1개 뉴스채널 허가 과정에 참여해서 '연합뉴스TV'의 허가를 받았다. 당시 YTN도 제대로 간수하지 못했던 연합뉴스가 다시 뉴스채널을 도전하는 것이 타당한가에 대한 세간의 문제 제기가 있었다. 이에 대해 연합뉴스는 새로운 뉴스채널을 '대한민국을 대표하는 글로벌 뉴스채널'로 포지셔닝하는 아이디어를 냈다. YTN은 국내 최초의 24시간 뉴스채널로서 의미를 가지며, 새로운 뉴스채널은 글로벌 뉴스채널을 지향한다는 포지셔닝 전략이었다.

뉴스채널 허가 신청 당시, 머니투데이 방송 등이 허가신청을 준비하고 있었는데, 이명박 정부의 청와대 관련 인사들 사이에 한국을 대표하는 뉴스 통신사인 연합뉴스에 허가를 내줘야 한다는 공감대가 형성돼 있었다.[12]고 당시 청와대 핵심 관계자가 인터뷰에서 밝혔다.

연합뉴스TV 허가신청서의 주요 내용은 다음과 같다.

- 대한민국을 대표하는 글로벌 뉴스채널

  새로운 보도채널은 세계 10위권의 경제 강국인 대한민국을 대표하는 글로벌 뉴스채널을 표방한다. 아랍권의 '알자지라', 프랑스의 'TV 24', 중국 신화통신의 '인터내셔널 TV' 등과 어깨를 견주는 동북아 뉴스허브로서 자리매김한다. 한국의 주요 소식을 국제사회에 정확하고 공정하게 알리는 국내 대표 뉴스채널로서 국가이미지 제고를 위해 지속적으로 노력한다.

연합뉴스는 YTN의 분리 이후 연합이 자체로 영상 뉴스 서비스를 위해 축적한 인력과 노하우를 새 뉴스채널 〈연합뉴스TV〉의

12 당시 MB정부 청와대의 관계자와 뉴스채널 신청을 준비했던 연합뉴스 관계자들과 인터뷰한 내용.

통합 뉴스룸에 반영하여 운영하는 방식으로 제작 편성 계획을 수립하였다. 연합뉴스 영상 기자들을 연합뉴스TV로 파견하고 광고 마케팅 업무도 연합뉴스가 대행하는 체제로 계획했다.

- 연합뉴스의 영상 뉴스운영 현황. (보도전문채널 사업계획서, 2010.1)
- 편집국 영상뉴스부 소속 68명(기자 25명, 촬영 및 운용 43명)
- 하루 약 80여건의 영상뉴스 생산
- 연합뉴스 홈페이지를 비롯한 주요 포털 사이트에서 하루 9시간 생방송 뉴스
- 해외통신사, 포털 및 국내 IPTV, KTX, 인천공항철도 등에 생방송 뉴스를 공급

● ● ●

체험기 '연합뉴스TV' 개국에 참여하게 된 사연 (최영재)

나는 미국 텍사스대학에서 저널리즘 스쿨에 유학(1999년-2004년)을 가서 박사 학위를 받고 2004년 한림대 언론정보학부 교수로 부임하게 되었다. 그리고 2008년 말 이명박 정부 시기 연합뉴스 대주주인 뉴스통신진흥회 2기 이사를 맡게 되었다. 이때 운명처럼 이명박 정부에서 종편과 뉴스채널 신규 승인 작업이 시작되었다. 당시 연합뉴스는 약 60명으로 구성된 영상뉴스부를 운영하고 있었는데, 자체로는 적자가 지속되어서 아예 영상 뉴스 사업을 정리하려고 한다는 애기가 들려왔다. 나는 이것은 아니다 싶어서 마침 진흥회에

서 새로 선임한 연합뉴스 박정찬 사장과 임원들을 설득했다.

'연합이 YTN을 추진하던 1992년 체제와 지금 체제가 달라진 것이 없다', '중국 신화사와 베트남 뉴스통신 VNA도 이미 뉴스채널을 출범시키고 있는 마당에 연합이 뉴스채널을 하지 않으면 글로벌 뉴스유통 시장에서 연합이 소위 '국가정보주권' 실현 역할이 제한적일 수밖에 없을 것이다', '만약 뉴스채널을 연합이 아닌 다른 언론사가 가져간다면 연합의 경쟁력과 영향력 하락은 불가피할 것이다' 등 연합의 뉴스채널 추진 필요성을 역설했다.

다행히 연합은 다시 뉴스채널을 추진하기로 결정하였고, 나는 연합뉴스TV 채널 신청서 작업을 하고 있는 기자 출신 기획부 후배들을 돕기도 했다. 당시 YTN도 지키지 못한 연합뉴스가 다시 뉴스채널을 추진하는 데 대한 비판 여론이 있었다. 나는 그럼, '국내 최초의 뉴스채널' YTN과 차별화하여 연합이 새로 추진하는 뉴스채널은 '대한민국을 대표하는 글로벌 뉴스채널'로 포지셔닝 전략을 가져가자고 제안했다. 결국 연합뉴스는 여러 노력에 행운도 함께 하여 새 뉴스 채널 '연합뉴스TV'의 허가받을 수 있었다.

2010년 말 개국을 앞두고 나는 그해 전반에 걸쳐 거의 매일 연합에 출근하다시피 하면서 연합뉴스TV의 편성 및 제작 계획, 그리고 연합뉴스와 새 뉴스채널 간의 협업 모델 창출 작업에 적극적으로 참여했다. 이같은 과정은 나로서는 1992년-1995년 현소환 사장 체제에서 최초의 뉴스채널 YTN을 준비했던 경험과 기억의 연장으로 느껴지게 했다.

3 뉴스채널의 정치 종속화와 후견 주의

1) 낙하산 인사가 아닌 적이 없었다

김영삼-김대중-노무현-이명박-박근혜-문재인, 역대 대통령은 하나같이 당연하다는 듯, YTN에 자기 진영의 사람으로 '낙하산' 사장을 내려보냈다. YTN 사람들은 때로는 낙하산 사장과 함께 내려오는 재정과 정책의 지원subsidy과 교환하는 대가로 이러한 전근대적인 정치적 예속 상황을 인내하고 용인했다. 그러나 시간이 갈수록 대통령실의 '낙하산 인사'를 더 이상 관행으로 받아들이지 않고 거부하고 저항하면서 엄청난 파열음을 내기 시작했다.

[표 4] YTN 역대 사장 및 주요 이력

대통령	YTN 사장	사장 이전 이력
김영삼 93.2 - 98.2	1 현소환 93.9 - 96.9	연합통신 사장 겸임
	2 정주년 96.9 - 98.5	전 한국국제협력단 총재
김대중 98.2 - 03.2	3 장명국 98.9 - 99.8	내일신문 사장
	4 백인호 99.8 - 03.5	매경TV 대표이사 부사장
노무현 03.2 - 08.2	56표 완수 03.5 - 08.5	경향신문 논설 위원, 경인방송 사장
이명박 08.2 - 13.2	7 김재윤 08.5 - 08.7	YTN 소액주주 한림제약 명예회장

<table>
<tr><th>대통령</th><th>YTN 사장</th><th>사장 이전 이력</th></tr>
<tr><td rowspan="2">이명박
08.2 - 13.2</td><td>8 구본홍 08.7 - 09.8</td><td>MBC 보도본부장</td></tr>
<tr><td>9 배석규 09.8 -</td><td rowspan="2">YTN 전무</td></tr>
<tr><td rowspan="2">박근혜
13.2 - 17.3</td><td>10 배석규 - 15.3</td></tr>
<tr><td>11 조준희 15.3 - 17.5</td><td>중소기업은행</td></tr>
<tr><td rowspan="3">문재인
17.5 - 22.5</td><td>12 최남수17.12 - 18.5</td><td>YTN 경제부장, 머니투데이방송 사장</td></tr>
<tr><td>13 정찬형 18.9 - 21.9</td><td>MBC 라디오 본부장, 교통방송 대표이사</td></tr>
<tr><td>14 우장균 21.9 -</td><td rowspan="2">YTN 노조위원장, 상무</td></tr>
<tr><td rowspan="2">윤석열
22.5 -</td><td>우장균 - 24.4</td></tr>
<tr><td>(1) 김백 24.4 -</td><td>YTN 보도국장, 상무</td></tr>
</table>

2) 초대 현소환 사장의 정권과 담판 회고록

개국 2개월여를 남겨 놓은 1994년 12월 하순 어느 날, YTN 보도국장(이대섭)이 사장실로 급히 찾아왔다. “오늘 취재기자 정보에 따르면 YTN 사장에 이번 12월 개각에서 물러난 K 장관(김우석)이 내정되었답니다”는 보고였다.

해를 넘겨 1995년 1월 7일, 이번에는 연합통신 편집국장이 급하게 내 방문을 두드렸다. “사장님, 머지않아 YTN 사장을 교체하는데 후임에는 K 장관이 온답니다. 김현철 쪽에서 흘러나온 정보이니 틀림없는 것 같습니다.”

김현철의 경복고 후배인 연합통신 정치부장에게 빠른 시일 내에 김현철 소장 면담을 주선하라고 지시했다.

1995년 1월 19일 오후 3시 30분 서울 소공동 롯데호텔 33층 객실에서 김현철 면담.

YTN 사장 교체설을 확인하고 '그렇다면 나의 목은 이미 달아나게 되어 있는 게 확실하니 할 말은 해야겠다고 작심하고는', 이 시기에 YTN을 교체하는 경우,

"첫째, YTN이 대통령과 정부 정책 홍보에 도움이 되려면 이 방송이 정부의 직접적인 지배하에 있는 제2의 국영방송이구나 하는 인식을 국민들에게 심어주어서는 안 된다고 생각합니다. K 장관은 누구나 다 아는 대통령 각하의 측근인데 지금 이 마당에 사장으로 오게 되면 그 같은 인식을 심어 주지 않겠습니까?

둘째, 보도의 공정성과 중립성에 대한 신인도를 높이지 못하면 시청률이 떨어지고 따라서 광고가 붙지 않을 텐데 이렇게 되면 뉴미디어 정책의 상징인 24시간 뉴스 방송 YTN의 사업 실패로 연결되고 궁극적으로 정부의 주요 정책 중 하나가 성공하지 못하는 것으로 비칠 수도 있지 않겠습니까?

셋째, YTN은 연합통신(현 연합뉴스) 전 사원들이 2년간 허리띠를 졸라맨 결과 출자금 30%(45억 원)를 마련하여 출범시켰는데 지금 갑자기 외부 인사가 사장으로 온다면 연합통신 노조와 사우들이 가만히 있지 않을 것입니다."

그 뒤 "내가 청와대 정무수석, 공보처 장관, 국정원 1차장 등등의 각종 압력에 굴하지 않으니 이제 공보처는 이미 그들에게 몇 차례나 보고한 바 있는 YTN 증자 계획을 무산시켰다."

"두 명의 주주들이 어떤 관리와 접촉한 후 주주총회에 나와 말

도 안 되는 이유를 들어 끝까지 증자를 반대하고 나섰다. 150억 원에서 300억 원으로 증자는 이런 일이 있기 전에 이루어졌기 때문에 가능했지만 3월 1일 개국 이전에 다시 100% 증자, 즉 600억 원으로의 증자는 불가능하게 되었다. 그러니 은행차입이 늘어날 수밖에 없었고 이것이 '경영부실'이라는 딱지를 붙여 나의 3년 임기가 종료되자마자 나를 쫓아내는 주요 구실이 되었다."(현소환, 2021, 508-510)

4 MB정부의 낙하산 사장과 해직 기자 사태

1) 노골적인 캠프인사 사장 임명이 부른 예정된 충돌

YTN은 끊임없이 사장 선임 과정에서 정부의 영향력에서 벗어나지 못했으며, 그 과정에서 노조의 낙하산 사장 반대 운동이 일어났다. 가장 심각한 사태는 이명박 정부가 들어서고 2008년 5월 대선 캠프 출신의 구본홍 전 MBC 보도본부장을 사장으로 임명하면서 촉발되었다. 이전 정권 때만 해도 낙하산 인사이긴 해도 어느 정도 납득이 되는 언론계 인사가 사장으로 내정되었기 때문에 관행으로 받아들일 수 있었다. 그런데 이번에는 노골적으로 대선캠프 출신을 내려보낸다는 점에서 크게 다르게 인식되었다. 결국 정권과 YTN 노조의 충돌이 있었고, 노조의 낙하산 사장 반대 투쟁으로 노종면 노조위원장 등 6명이 해고되고

27명이 중징계를 당하였다. 해직 기자 사태가 해결되는 데는 총 3,249일이 소요됐다.

〈YTN 해직 사태 3,249일〉

2008년 5월: 구본홍 사장 내정

8월: 노종면 노조위원장 당선

10월: 노종면, 우장균, 조승호, 현덕수, 권석재, 정유신 기자 해고 등 33명 중징계

2009년 3월: 노조 총파업 돌입, 노종면 구속

8월: 구본홍 사장 사퇴

10월: 배석규 사장 선임

11월: 1심 판결 "6명 해고 무효"

2011년 4월: 2심 판결 "3명 해고 무효, 3명 해고는 정당"

2014년 11월: 대법원판결 "3명 해고 무효, 3명 해고는 정당"

12월: 우장균, 권석재, 정유진 기자 복직

2017년 8월: 해직자 전원 복직 노사 합의/ 노종면, 조승호, 현덕수 기자 복직

〈YTN 차장단 74명 성명서, 2008. 6. 20.〉

- 구본홍 사장 내정자가 물러나는 것이 최선의 방법이다 -

이번 사태의 핵심은 특정 정치세력에 깊숙이 몸담았던 인물이 공정 보도를 생명으로 내걸고 시청자들의 신뢰를 먹고 사는 보도전문채널 YTN의 사장으로 올 수 있느냐는 것이다.

YTN은 창사 이래 공정방송을 위해 부단한 노력을 기울여 왔다. 그리고 역대 사장들 가운데 '대통령 후보 특보'처럼 강한 정치적 색채를 띤 인물도 없었음을 주목한다.

하지만 구본홍 씨의 사장 내정은 곧바로 'YTN의 공정성' 이미지를 일거에 무너뜨리고 YTN을 '정권의 방송'으로 추락시키면서 국민과 시청자들이 사태 추이를 예의주시하는 상황으로 내몰고 있음을 직시한다.

2) 지배구조 독립성 운동이 빠진 파업의 한계

파업은 필연이었을까: 파업 결정한 재투표 1표 차 결과

2008년 7월 하순, 구본홍 사장 출근 저지 투쟁 일주일 뒤, 박경석 위원장을 비롯한 YTN 노조집행부는 타협을 선언했다. 타협안에 대한 부서별 대의원 투표에 들어갔다. 처음에는 과반이 타협안에 찬성하는 결과가 나와 파업하지 않는 쪽으로 가는 듯했다. 그런데 결과를 본 대의원 한 두명이 의견을 바꾸겠다고 했다. 부서원 의견을 모아 투표했던 것인데 부서원 의견과 관계없이 대의원 소신껏 투표해도 된다고 해서 의견을 변경해서 다시 투표하겠다는 것이었다. 그래서 재투표를 했고, 결과는 한 표차로 타협안이 부결되었다.

재투표에서 1표 차로 부결되자 박경석 위원장을 비롯한 노조집행부가 사퇴했다. 박경석 위원장 임기가 시작되고 한 달도 되지 못한 시기에 일어난 일이었다. 노조 위원장 보궐 선거에서 노종면이 출마하여 위원장이 되고, 이후 파업사태가 나고 노 위원장 등 기자 6명이 해고된다.

노종면(2012, 40)은 4년 뒤 출판한 회고록에서 다음과 같이 술회했다. "그때는 어떤 운명이 나를 기다리고 있는지 알지 못했다. 아니 알고 싶지 않았다."

YTN 파업에 관한 신재민 문체부 차관 녹취록

2009년 이명박 정부가 YTN 파업을 바라보는 시각과 YTN의 불안정한 지배구조를 가지고 타협을 압박했던 정황은 당시 신재민 문체부 차관의 YTN 구성원과 나눈 녹취록에 나타난다.

"노조의 진의는 대통령에게도 다 제대로 전달되고 있다. 그런데 현재 YTN 노조가 사실상 반정부 투쟁으로 돼 가고 있지 않느냐. 괜히 KBS에 발목 잡혔다가 그쪽이 사실상 끝나니까 닭 쫓던 개 된 것 아니냐, 그 이후 언론노조, 민주당이 YTN에 붙으면서 사태가 여기까지 온 것 아니냐. 절대 정부는 물러서지 않을 것이다. 우리가 솔직히 KBS, MBC 노조하고의 싸움은 큰 부담이 되지만 솔직히 YTN하고는 상대적으로 덜 하다. 또 명분에 있어서도 YTN은 솔직히 코스닥에 상장돼 있는 민영방송사 아니냐. 그리고 절대 노조가 하고자 하는 대로 하는 일은 없을 것이다. 이것은 이 정부의 정책 기조다."

5 노조 세력의 권력화[13]

1) 문재인 정부의 등장과 노조 세력의 정치 권력화

2008년 이명박 정부 시절, YTN에서는 낙하산 사장 반대 투쟁으로 노조와 기자협회가 단결해 큰 저항 운동을 벌였다. 이때의 YTN은 언론의 독립성을 지키기 위해 똘똘 뭉친 모습으로 많은 이들의 지지를 받았다. 그러나 시간이 흐르며 이러한 단결된 모습은 점차 사라졌다. 이명박-박근혜 9년의 보수 정권을 지나 문재인 정부로 정권이 교체되는 과정에서 YTN 내부는 심각한 분열과 권력투쟁에 휘말리게 되었다.

YTN 노조는 정치적 종속 구조를 극복하는 것을 목표로 삼지 못하고, 오히려 그러한 종속 구조 내에서 파벌의 생존과 번영을 꾀하는 데 집중했다. 특히 문재인 정권의 등장과 함께 복직한 노조 세력은 경영권력에 도전하고 탐하면서 외부 정치권력과 내부 경영권력에 대한 견제 세력으로서 노조의 정체성과 역할은 크게 퇴조할 수밖에 없었다.

"대한민국 언론 역사상 처음으로 노조가 경영권력이 된 것이었다. 노조는 견제 세력인데 경영집단이 된 것은 기자가 장관 된거

13 이 절의 내용은 문재인 정부 시절 노조 세력의 권력화와 대선에서의 편향보도, 그리고 윤석열 정부에 대한 매각 사태에 대해 YTN 내부자 10여명을 인터뷰한 내용을 중심으로 구성했다.

나 마찬가지였다. 그것은 언론운동 자체를 스스로 감옥에 가둬버린 셈이 되었다. 이제 YTN에서 노조에 의한 언론운동이 다시 타오르기 어렵게 됐다. 인간으로서 해서는 안 될 일을 하는 것을 다 봐 버렸기 때문이다."

"노조는 권력이 없고 핍박받을 때는 합리적인 생각을 한다. 그런데 권력을 가질 때는 순식간에 양아치로 전락한다. 감당할 수 없는 권력을 가지게 됐기 때문이다."

최남수 사장 퇴진 운동과 노조의 권력화

2017년 5월 문재인 정부가 출범하고, 전임 조준희 사장이 자진 사퇴함에 따라 공석이 된 YTN 사장에 어떤 인물이 적합한지가 초미의 관심사가 되었다. 정권교체에 따라 복직 복권된 노조 세력의 대표주자들이 사장에 출마한다는 소문이 나도는 가운데, 정작 문재인 정부의 청와대와 방통위의 핵심 관계자들은 강성 노조 출신에 대해 부담감을 가지고 있다는 것이 당시의 분위기였다. 결국 YTN 경제부장과 경영기획실장 출신으로 당시 머니투데이 방송 대표를 맡고 있던 최남수 사장으로 정권 내부 인사들의 교감이 형성되고, 11월 YTN 이사회도 최 사장을 내정하고 12월 주총 안건으로 상정했다.

이 과정에서 복직 인사를 중심으로 한 노조 세력은 가만히 있지 않았다. 첫째, 최 사장이 사장직에 지원한다는 소문이 나돌 즈음 최 사장에서 '넘볼 자리가 아니니 끼어들지 말라'는 식의 위협이 있었고, 둘째, 2017년 11월 5일 이사회가 최 사장 내정을 발표하자, 곧바로 부당성 주장과 반대투쟁을 벌이며 보도국장 임명동의제와 적폐청산 기구 신설 등을 요구했다. 셋째, 요구 사항이 제대로 관철되지 못하자 최 사장의 '과거 MB칭송 칼럼', '트위터 성희롱 발언' 등 중상모략식 정치적 공격을 가했다.

결국 노조 세력과 협상 및 관계관리에 실패한 최 사장은 '사장 중간평가 50% 이하면 사퇴'라는 자충수를 두어 2018년 5월 4일 중간 투표 결과 55.6% 불신임을 받아 사퇴했다. 이후 MBC라디오 본부장 출신 정찬형 사장이 2018년 9월 선임되어 노조 세력 중심으로 경영진이 구성되었고, 2021년 9월에는 2008년 낙하산 반대 투쟁으로 해직되었다가 복직한 우장균이 사장으로 되어 본격적인 노조 세력이 '경영권력'으로 부상하게 되었다.

"문재인 정권이 출범하면서 복직 세력이 사내 권력을 탐하면서, 최남수 사장 퇴진 운동을 벌이게 되었다. 최남수 사장 반대 명분으로 노종면이 출마하면서 권력투쟁에 뛰어들었고, 최남수 퇴진 후에 우장균 사장이 출마하여 사장이 되었다. 문재인 대통령 진영의 편을 든 전력이 있는 사람이 문재인 정권에서 사장으로 출마한다는 것은 말도 안 되는 내로남불의 전형이었다. 그런데도 노조 세력내에서 문제 제기를 하는 사람이 없었다."

"최남수 사장 등 당시 경영진들은 주로 유화적인 인물들로 구성돼 차단해야 할 상황에서 제대로 차단하지 못하고 노조 세력이 전개한 '개싸움'에 끌려가다 무너졌다."

"노조 세력은 최남수 사장을 몰아내는 데 성공하고, 뜻하지 않게 권력을 가지면서 급속히 부패해 갔다.", "권력을 가진 후엔 이상한 집단으로 변모해 갔다."

"노조 세력은 문재인 정권의 적폐 척결과 궤를 같이하여 파업 동조 여부에 따라 내편 네편 갈랐다. 이전에는, 과거 정권 때 주요 보직했다고 심판하지 않았다. 문정부 들어 노조가 적과 아군으로 노조 주축 세력이 사장, 임원이 되고 나서 전 정권에 임원을 했다는 이유로 적폐 척결의 대상을 삼는 일이 생겨났다."

2) 견제 없는 90:10 편파보도의 파장

최남수 사장의 퇴진에 성공한 노조 세력은 사실상 경영 권력을 장악한 상태에서 이전에 경영진과 정권의 유착에 의한 편향 보도에 견제, 감시 역할을 했던 기자협회, 공보위, 노조 세력이 한편이 되면서 정치적 중립과 균형 보도의 원칙이 무너져 내렸다. 특히 대선 국면에서 문재인 정권의 연장과 노조 세력 중심의 YTN 경영진의 이해관계가 맞아떨어짐에 따라 상당한 편파 보도가 있었고, 그것은 윤석열 정권의 YTN 매각의 빌미를 제공하는 역할을 했다.

"최남수 사장을 몰아낸 후, 노조 세력은 견제가 없었으므로 맘껏 왜곡 보도를 했다."

"최남수 사장 퇴진 이후 YTN 보도는 90:10 친 민주당으로 기울었다. 대선 때는 완전 편파 보도가 드러났다. 노조 세력 주축의 YTN 경영진은 코드가 같은 정당인 민주당이 집권해야 한다는 강박이 작용했을 것이다. 언론노조 운동이 정권과 분리되지 못한 결과였다.”

“이전에 정치권력이 낙하산 사장을 했다 해도 보도 편집에 쏠림이 없었다. 노조 세력이 특정 정당과 이해관계가 같아지면서 편집에 쏠림 현상이 생겼다. 이명박 정권 때 해직 기자 사태를 겪으면서 노조가 반 MB가 되고 민주당과 정치적 이해관계를 형성하게 되었다. 해직 사태로 정권에 대한 노조의 분노가 높아갔고, 그것이 보도에 반영되기 시작했다. 그 후 YTN의 영향력이 특히 코로나19 생중계를 계기로 엄청 커졌고, 이런 상황에서 편파 보도의 표출은 커다란 정치적 파장을 불러 왔다.”

“노조가 정치세력이 되면서 경영 권력과 무소불위의 편집 권력을 장악하고 공방위와 노조, 기협은 같은 편으로 견제가 안되니, 내부 통제 시스템이 전혀 작동하지 못하게 되었다.”

“과거에는 청와대에서 YTN에 보도 개입하고 영향력을 행사하려 했지만, 노조와 기자협회의 견제 기능이 있었다. 보도국장은 청와대 요구를 들어주는 듯하다가 노조 등에서 항의하면 사과도 하면서, 청와대에서 요구한 방송은 한두 차례 하다가 내리는 식이었다. 그러한 과정은 YTN 보도가 심하게 편파나 왜곡으로 흐르는 것을 방지하는 관행적 장치가 되었다”

“문재인 정권에서 최남수 사장이 강제로 물러난 이후, 노조와 기자협회, 공정방송위원회 등은 견제 기능을 완전 상실했다. 문제 제기를 아예 안 하고 눈치 살피며 솜방망이 감시를 하는, 있으나 마나 한 활동에 불과했다. 사소한 지적을 해 보지만 개선된 적이 없고, 내부 언론과 완전히 막혀 버렸다”

• • •

〈민영화 사태를 초래한 지도부의 책임을 묻습니다〉

(사원 모임 25명, 2023.3.29.)

YTN이 민영화라는 상황을 맞게 된 건, 우리가 '공정한 보도'라는 사명을 지키지 못했기 때문입니다. 정권이 바뀔 때마다 친정부 성향의 사장이 임명됐지만, 과거 YTN은 균형 보도를 위한 노력은 계속해 왔습니다. 그것이 '기계적 균형'이라는 비판도 있었지만 적어도 정치적인 이유로 사안을 침소봉대하거나 사실을 외면하는 일은 없었습니다. 언론의 역할은 정파성을 배격하고 국민에게 객관적인 뉴스를 전달하는 것이기 때문입니다.

YTN의 지난 5년은 어땠습니까? 특정 정치세력에 치우친 보도로 공정성과 객관성을 잃었습니다. 최소한의 기계적 균형도 무너졌습니다. 그 결과 시청자는 YTN 뉴스를 신뢰하지 않기 시작했습니다. YTN을 떠났고 시청률은 추락했습니다.

YTN이 사상 초유 민영화의 상황을 맞게 된 책임은 누구에게 있습니까? 가장 먼저 달려가 자정이 넘도록 현장을 지켰던 후배 기자들의 책임입니까? 아니면, 뉴스 송출을 위해 24시간 뉴스룸을 지킨 동료들의 잘못입니까? 공정방송의 가치를 무너뜨리고, 편 가르기로 내부 동료들을 분열시키고, 민영화의 상황을 초래한 현 지도부의 책임입니다. 현 사태의 책임을 지고 물러나십시오. 민영화라는 결과를 만든 장본인에게 YTN의 미래를 맡길 수는 없는 일입니다. 정치세력을 갈아타며 회사를 정치판으로 만든 분들도 이제는 떠나주십시오. YTN은 언론사이지 여의도 정치판이 아닙니다.

정권이 바뀔 때마다, 사내에 정치적 파벌을 만들고, 사장을 데려와 기득권을 나눠 갖는 부끄러운 역사는 이제 끝내야 합니다. 우리는 언론인입니다. 언론의 역할은 어떤 정치세력에도 치우치지 않고 공정하고 객관적인 보도를 하는 것입니다. 그것이 우리의 사명입니다.

제6장

YTN 매각의 정당성과 뉴스채널의 미래

"이렇게 윤석열 정권이 YTN 매각을 밀어붙이는
진짜 의도는 언론 장악이라는 걸 국민은 알고 있다."
"차라리 우장균 일당 나가라고 할 테니
민영화만은 없던 걸로 해달라고 정부에
읍소라도 해야 하는 것 아닌가?"

YTN 사내 게시판 글(2023년)

1 한 정권에 의한 30년 역사의 뉴스채널 매각은 정당한가?

1) '공공기관의 운영 효율화'가 뉴스채널 매각 이유?

윤석열 정부는 갑자기 YTN을 매각하려는 이유가 YTN 지분을 가지고 있는 '공공기관의 운영 효율화'라고 설명했다. 윤석열 정부는 2023년 봄 YTN의 지배주주로 구성되어 있는 한전KDN과 마사회 등 공기업의 증가하는 부채를 해결하기 위한 방편으로 이들 공기업의 YTN 지분 30.95%를 매각하겠다고 밝혔다. 그리고는 공기업의 YTN 지분 매각 절차에 돌입했다.

"현시점에서 매각 시 투자 원금 대비 손실로 이어지므로 신중한 접근 필요"(대주주 한전KDN), "YTN이 7년 연속 흑자를 기록하고 최근 영업이익도 크게 증가하는 등 경영 성과가 안정적"YTN이라는 해당 공기업과 YTN의 합리적인 의견들은 쉽사리 묵살되었다.

YTN은 1993년 회사설립 이후 공영적 지배구조를 가지고 지금까지 국가 대표 뉴스채널로서 30년간 상당한 공적 역할을 수행해 온 언론사이다. 그러한 공영적 뉴스채널 언론을 사적 시장에 매각하려 한다면 그에 합당한 설득력 있는 매각 이유와 목적을 제시하는 것은 상식에 해당할 것이다.

2) 뉴스채널 지배구조 변경을 위한 3가지 법 규범적 절차

윤석열 정부는 특별히 자주 '자유민주주의' 정부임을 천명해 왔다. 자유민주주의 정부로서 윤 정부가 YTN의 지배구조를 변경하고자 한다면, 관련 법체계 규범상 다음과 같은 3가지 사항을 실천해야 할 것이다(이 부분은 뉴스채널의 허가 및 지배구조 변경 승인 권한을 가지고 있는 방송통신위원회의 책무라고 할 수 있다). (그러나 윤석열 정부에서 방통위는 여당 추천 2인으로만 운영하는 파행적 체제에서 YTN 매각 승인을 포함한 KBS 수신료 분리 징수, 공영방송 이사 추천 등 중요한 결정을 속전속결식으로 내렸고, 결정의 유효 여부가 법원의 판단에 맡겨지게 됐다.)

첫째, YTN이 방송법의 관련 규정에 따라 보도전문채널로 허가를 취득하고 그 과정에서 소유구조 및 지배구조의 규제 조건 충족, 그리고 방송의 공정성과 공익성 등 공적 책무를 부여받은 만큼, YTN의 민영화 등 지배구조 변화 시도는 이와 같은 방송법 등 법규범 체계에서 절차적 정당성과 타당성이 유지되는 수준에서 추진되어야 할 것이다. 개국 이후 약 30년간 유지된 YTN의 공영적 지배구조를 변화시켜야 하는 이유는 방송법 15조 등에 규정된 보도전문채널의 소유제한 및 공적 책무 규정의 법적 취지에 비추어 합당하고 합목적적이어야 할 것이다. 가령, YTN의 민영화가 목표가 되려면 새로운 사적 소유의 지배구조가 방송법 등에 공적 책무 규범을 더 효율적으로 수행할 수 있는 타당한 근거와 기대가 전제되어야 할 것이다.

둘째, YTN의 지배구조 변경의 결과가 공익에 부합하는가를 살펴야 한다. YTN은 공기업이 최대 주주인 공적 소유구조를 토대로 보도의 독립성과 자율성을 키워왔으나, 최근 정부가 민영화를 추진하면서 보도전문채널로서 지난 30년간 지켜온 공적 역할과 가치는 거대한 도전에 직면한 상황이다. 따라서 YTN이 매각되는 경우 기대되는 시장의 효율성 증대가 언론의 공공적 가치(공적 책임, 공정성, 공익성 실현)을 훼손할 가능성은 없는지, 그럴 경우 공적 가치의 보호 장치 마련은 충분한지 등을 따져 봐야 할 것이다.

셋째, 공영적 뉴스채널 YTN의 민영화 등 지배구조 변화 시도는 YTN 주식회사의 단순한 지분 매매로 끝나는 것이 아니라 언론 및 방송통신 정책적 차원에서 고려할 필요가 있을 것이다. 한국 언론은 언론의 권력화와 정파적 불공정 보도 문제, 탈법과 음성적 거래의 파행적 언론시장 문제, 시민의 언론 불신 문제, 직업적 윤리의 실종 문제 등 복합적이고 구조적인 위기 상황에 놓여 있다. 이런 상황에서 공영적 뉴스채널로서 객관적 저널리즘의 중요한 중심축 역할을 하고 있는 YTN이 사적 소유구조로 전환되었을 때, 전반적인 뉴스 공론장 구조에 미치는 악영향 요소는 없는지 살펴야 할 것이다.

2 대통령 권력에 의한 언론 정책의 사유화 현상

1) 'YTN 매각 추진', 누구의 기획일까?

윤 정부와 가까운 인사들을 만나 이야기를 하다 보면 YTN 매각과 관련하여 공통적으로 두 가지 문장을 무심코 말하는 것을 발견할 수 있다. '공영뉴스채널이 2개씩이나 있을 필요 있나?', '미국의 PBS처럼 공영방송 운영하면 된다' 전자는 연합뉴스TV가 있으니 YTN을 매각해도 별 상관없다는 얘기이고, 후자는 KBS 수신료 제도를 무너뜨리고 PBS처럼 후원금 모금 방식으로 가면 된다는 것이다. 물론 무책임하고 정권의 이해관계를 가리기 위한 임기응변적 사고에 불과하다.

권력의 이해에 따라 공영 또는 공영적 언론사의 지배구조를 훼손하고 파괴하는 위험한 시도를 누가 기획하고 무리한 추진의 동력은 어디서 나온 것일까? 정권 내부를 아는 복수의 관계자들은 대체로 이명박 정부 때 홍보수석을 지냈고 방통위원장이 된 이동관 전 대외협력특보일 가능성이 높다고 하면서, 하지만 대통령실에서 누구라고 특정하기보다 집단적으로 결정해서 추진하는 것으로 비치기를 원하는 것 같다고 얘기한다. 그러나 이토록 거칠고 무리한 YTN 매각 추진은 최고 권력자V.I.P의 동의 이상의 YTN에 대한 불편한 심사 같은 것을 전제하지 않고 설명이 되지 않는다.

윤석열 대통령의 YTN에 대한 부정적 인식, 즉 'YTN을 손봐줘야 한다'는 심리가 실제 매각으로 이행되는 핵심 동력이 됐다는 해석은 훨씬 설득력을 얻는다. 대선 기간 윤석열 후보를 직접 만난 YTN의 한 관계자는 'YTN의 편파 보도'에 대한 불편한 심기를 드러냈다고 증언했다. 대선 기간 국민의 힘 캠프에서는 YTN 제작부에서 만든 '뉴있저(뉴스가 있는 저녁)'를 토씨 하나까지 모니터했고, '뉴있저'에 사회부 기자들이 나와 김건희 단독 인터뷰, 장모땅 보도는 크게 보도하고 김혜경의 법카는 축소 보도하는 행태에 윤 후보가 분노했을 것이라는 것이다. 이런 YTN의 대선 기간 보도행태에 대해 "검찰공화국에서는 절대 용서 안 할 것"이며, 그 결과가 YTN 매각 추진으로 이어졌다고 이 관계자는 분석했다.

2) 지배하지 못 할 상황에서 친정권 자본에 매각

윤석열 정부가 MB 아바타 정부라는 풍자도 있지만, 윤 정부의 공영 또는 공영적 방송사에 대한 압박은 이명박 정부의 KBS, MBC, YTN 장악 방식을 학습하고 좀 더 '진화'된 형태로 재연된다는 느낌을 받는다. 이명박 정부는 이전의 김대중-노무현 진보정권 10년 동안 공영방송과 공영적 방송사의 지배구조와 보도의 방향성이 진보적 정파 편향으로 기울어졌다고 판단하고, 이를 보수 쪽으로 급전환하기 위한 대대적인 정치적 압박을 가하기 시작했다. 그 과정에서 낙하산 인사 반대 파업을 했던 MBC와 YTN 기자들의 대량 해직 등의 파열음으로 나타났고, 결국은 KBS, MBC, YTN에 정권에서 임명한 낙하산 사장과 임원이 내려오면서 공영

언론이 정권에 예속된 상황에 놓이게 됐다.

2010년도 문체부 장관후보 청문회 과정에서 공개된 2008년 신재민 문체부 차관의 녹취록은 YTN 매각을 둘러싸고 벌어진 일의 데자뷰(기시감)을 느끼게 한다. 정권이 내려보내는 낙하산 사장을 받지 않으면 '공기업 선진화 방안'에 따라 YTN의 공기업 지분을 매각할 수도 있다는 이야기를 신재민 당시 문체부 차관이 실제로 했다.

"낙하산 얘기 들으면서까지 상장회사 주식을 정부가 가지고 있을 필요가 없다. 상장된 회사가 어떻게 공영방송이냐? 우리는 노조 주장대로 해 준다. 주식 다 팔아야죠. 내부적으로 공기업 선진화 방안 때문에 그렇지 않아도 어떻게 할까 고민하고 있었는데 노조 때문에 우리가 뒤늦게 깨달았다. 팔아야죠."

"룰에 따른 해결 방식을 찾아라. 지분 팔든지. 아니면 권리 인정하든지. 만약 YTN이 공기업 지분을 유지하는 쪽으로 결론을 내리면 솔직히 정부는 엄청나게 부담이 된다. 하여튼 만약 공기업 권리 인정한다고 가져오면 나는 (지분 매각을) 막도록 하겠다."

대통령실의 낙하산 사장을 받지 않으면 매각하겠다는 협박을 한 것이다. 결과적으로 2008년 국면에서는 낙하산 인사 구본홍 사장이 물러나고 대신 YTN 노조 6명을 해고 조치를 하는 대가로 공기업 지분 중심의 YTN 지배구조를 유지했다. 그러나 "(YTN) 문 닫으면 새로운 뉴스채널 하나 만들면 된다"는 신 차관의 얘기는 2010년 4개 종편채널 허가와 함께 '연합뉴스TV'의 신설로 실현이 되었다.

2022년 집권한 윤석열 정부는 이제 지난 대선 때 편파보도를 한 세력들이 경영진에 포진해 있는 상태에서 낙하산 사장도 내려보낼 수도 없는 YTN을 '공기업 경영효율화' 명분과 '공영뉴스채널이 2개까지 불필요'라는 즉흥적이고 임의적인 주장으로 매각을 추진한 것이다. 정권은 2024년 총선을 염두에 두고, 또 문재인 정부 때 '좌편향으로 기울어진 언론계를 바로 잡기 위해' YTN을 친정권적인 자본이나 보수 조직에 매각을 추진했다는 것이 정설이다.

3 뉴스채널의 정치권력 종속화의 결과

1) YTN은 왜 제대로 대응하지 못 할까?

윤석열 정권의 YTN 매각 추진이 전광석화처럼 진행되는데, YTN 구성원들의 대응은 속수무책에 가깝다. KBS는 수신료 분리징수 처분에 헌법소송을 내기도 하는데, YTN의 반응은 공론장에 좀처럼 전달되지 않았다. 집행부 측은 민영화 반대 성명을 내고 공영적 지배구조 대안 방안을 마련한다고 하는데, 한편에서는 '이런 집행부라면 차라리 민영화가 낫다'는 의견도 상당히 개진된다. 정권이 '민영화'의 이름으로 회사를 팔아넘기겠다는데, 의외로 반대 못지않게 찬성하는 YTN 사람들을 꽤 만날 수 있다. 매각이 추진 중인 YTN의 구성원들이 사내게시판 등에 적은 글들은 매각을 앞둔 YTN 내부의 분열상을 들여다볼 수 있게 한다.

“우리는 기자 전에 회사원이다. 밥벌이는 중요하지 않은가. 그 회사의 지분 30.95%가 팔릴 지경이다. 팔리면 최대 주주가 바뀐다. 민간 회사가 YTN의 주인 노릇 하게 생겼다. … 일만 해도 힘든데 신경이 곤두선다. ‘직군별 갈라치기 할 거다’, ‘자회사가 쪼개지나?’, ‘인원도 줄일까?…’ 삼삼오오 오가는 말속엔 각자의 밥벌이가 달렸다. 그렇다고 다들 쪼그라든 건 아니다.”(권남기, 2023)

“어찌 보면 지금의 회사는 조선 말기를 닮았다. 쇄국과 개화 혹은 무능력과 야심이 뒤섞인다. 지천명에도 입신양명을 놓지 않는 아귀다툼과 묵은 감정을 원동력으로 저주의 말들도 오간다. 물론 매각을 막지도, 그렇다고 앞당기지도 못 할 말들이지만.

수백, 수천억 원 돈을 허투루 쓰긴 어렵다. 언론사를 사는 데에는 명징한 목적이 있다. 우리는 언론사를 샀던 기업들의 여러 사례를 잘 알고 있다. 권력에 줄을 대고 사업에 이용하며 어깨에 더 힘을 주는 도구로 24시간 뉴스채널 YTN이 쓰일 날이 곧 올지도 모르겠다.”(YTN 사내 온라인 게시판 글)

2) ‘노조 세력의 권력화’가 매각 빌미 제공

2008년 이명박 정권 때 낙하산 사장 반대 투쟁에 노조와 기자협회가 똘똘 뭉쳤던 YTN의 모습은 거의 사라지고 없다. 이명박-박근혜 9년의 보수 정권에서 문재인 진보 정권으로 교체되는 과정에서 YTN 내부의 분파 세력들이 선혈이 낭자한 처절한 ‘권력투쟁’을 벌여 심각한 내부 분열 상태이기 때문이다.

YTN 노조 세력은 근본적으로 정치 종속적인 지배구조의 혁파를 운동 목표로 두지 못하고, 오히려 종속적인 구조 안에서 파벌 집단의 생존과 번영을 도모함으로써 노-사, 노-노 내부 권력투쟁으로 이어지는 우를 범하고 말았다. 문재인 정부 시절, 정권의 '적폐청산'을 언론사 내부로까지 적용하여 적폐 세력과 아군 세력으로 나뉘어 권력투쟁을 벌인 결과 YTN 내부는 봉합할 수 없을 정도로 분열하였고, 이는 윤석열 정부 들어 YTN 매각 시도에 대응할 동력을 대부분 상실하는 효과를 낳았다.

YTN 역사상 최초로 노조 세력으로 구성된 YTN 경영진은 내부 감시와 견제 세력이 없는 상태에서 문재인 정부 집권 시기와 대선 기간 동안 노골적인 정권 편들기 방송을 자행함으로써 윤석열 정권의 매각 추진의 빌미를 주었다는 비판도 받았다.

"이렇게 윤석열 정권이 YTN 매각을 밀어붙이는 진짜 의도는 언론 장악이라는 걸 국민은 알고 있다.", "차라리 우장균 일당 나가라고 할 테니 민영화만은 없던 걸로 해달라고 정부에 읍소라도 해야 하는 것 아닌가?"(YTN 사내 게시판 글)

4 YTN 매각 이후 시나리오

1) 시나리오 1: YTN의 종편화, FOX뉴스화

YTN의 민영화가 성공적인 결과로 나타나는 경우는 선의의 인수합병M&A이 이뤄져 새로운 지배구조하에서 YTN의 경영과 콘텐츠의 혁신이 일어나는 것이다. 그러나 보도전문채널은 상대적으로 저비용으로 민주주의에 큰 영향을 미칠 수 있는 장르이긴 하지만 경영과 콘텐츠 혁신으로 시장에서 성공한 사례는 거의 없다고 해도 과언이 아니다. 예외적으로 미국의 보도채널CNN, FOX이 시장에서 성공한 모델로 거론되지만, 특히 FOX뉴스와 같은 민영 보도전문채널은 정치의 양극화와 제도에 대한 불신 등 민주주의를 심각히 훼손하는데 원인 제공을 했다는 비판을 받고 있다. 독일의 보도전문채널은 자국에서 4개의 보도전문채널이 경쟁하면서, 사실상 수익성을 기대하기는 어려운 상황이다. 보도전문채널이 모회사(공영방송인 ARD와 ZDF, 상업방송인 RTL, ASG)의 브랜드 가치를 높여주는 공익적 기능에 한정되고 있다.(심영섭, 2023)

YTN 민영화의 가능성 높은 시나리오는 현재의 정치 종속적인 공영적 지배구조에서 시장 종속적인 사주 중심의 지배구조로 '전락'하는 것이다. 물론 민영화를 통해서 공정경쟁을 하게 하고 뉴스채널의 언론자유도 신장하게 하면 공익이 증대할 것이라는 이상적인 주장도 가능하다.(황근, 2022. 5. 24.) 그러나, YTN의 지배구조 개편은 사주 중심의 보도전문채널 운영원칙과 철학이 형성됨으로써 그동안 YTN이 쌓아왔던 긍정적 측면의 공영적 브랜드 이미지의 변질 및 소멸을 초래할 가능성이 높다. 이에 따라 뉴스 전문채널의 공정성과 제작 자율성의 가치가 상당히 훼손될 것으로 예상된다.

YTN이 FOX 뉴스처럼 되는 FOX 뉴스화도 전망해 볼 수 있다. 1980년 탄생한 세계 최초의 뉴스 전문 채널 CNN은 미국 언론의 기계적 중립 전통을 계승해 '중간'을 공략하는 채널로 발전했다. 하지만 1996년 등장한 FOX에 불과 6년 만에 뉴스시청률 1위 자리를 내줘야 했다. FOX는 기자들보다는 목소리 높은 앵커들에게 마이크를 넘기며 중산층이 아닌 백인 블루칼라 시청자를 집중 공략하고 흑인, 이민자 등에 대한 '두려움'을 불러일으키는 보도를 일삼아 시청률을 끌어올렸다. '폭스뉴스의 근본적인 비즈니스 모델은 두려움이다Our fundamental business model is driving fear.'라는 말이 있다. 폭스의 보도가 당장 사람들의 견해를 바꾸지는 않지만, 미디어 전반에 대한 불신을 야기하며 좌우 막론하고 주류 매체의 진지한 뉴스 자체를 멀리하게 만드는 '뉴스 회피 효과'를 만들어낸다는 것이다.

한국의 뉴스 시장은 가뜩이나 값싼 뉴스 상품 유통시장으로 전락한 포털뉴스플랫폼이 전통적인 신문 방송을 포획하여 사실상 우위의 협상력과 지배력을 확보하고 있고, 종편 등 사적 언론사들의 정파적 편향성 문제로 인해 공적 공론장이 위축되고 훼손되고 있는 상황이다. 이럴 때 공영적 언론사의 공공성과 정치적 독립성이 정권에 의해 붕괴한다면 언론 공론장 전체가 양분된 이념과 정파 싸움이 난무하고 저질 뉴스 상품이 횡행하는 언론의 게토화가 더욱 가속적으로 진행될 우려가 있다.

2) 시나리오 2: 서울신문의 호반건설에 매각 모델 가능성

YTN 민영화 최악의 시나리오는 기재부 등 정부 소유 서울신문 지분을 건설기업 호반건설에 매각한 모델을 따르는 것이 될 것이다. 공영적 언론사가 사적 기업에 매각되어 사주와 기업의 방패막이 도구 역할자로 전락하는 것은 파행적인 한국 언론시장의 오래된 일탈적 사례가 되어 왔다.

"언제부터 기사 게재와 삭제가 사주의 '직권'에 좌지우지됐나. 100년이 넘는 역사를 지닌 종합일간지를 운영하는 언론사 사주가 편집권 독립이라는 저널리즘의 ABC조차 이해하지 못하는 것 같아 참담하다. 호반이 중앙언론사 인수작업 착수 당시 언론계에서는 호반이 KBC광주방송을 운영했을 때의 전례를 거론하며 언론사를 '사업 방패막이'로나 쓸 것이라는 우려가 나왔다. 기사삭제 사태에 대한 그의 인식을 확인하고 나니 기우만은 아닌 것 같다. 호반은 이러려고 서울신문을 인수했는가."(한국기자협회, 2022)

공영방송사에서 사적 소유의 '지역민방'으로 옮긴 한 언론인은 사적 소유구조의 방송사 보도국 회의의 분위기를 다음과 같이 전했다. "확대 간부회의에서 어떻게 하면 뉴스를 잘 만들까 하는 뉴스에 대한 얘기는 한마디도 나오지 않고, 온통 사업 이야기만 한다. 협찬 따오는 얘기, 광고 따오는 얘기, 지자체 행사 수주하는 얘기 등등… 언론사가 더 이상 아니다. 자괴감이 들 정도다"

5 '윤석열 이후' YTN의 미래 전망

1) 보도채널 YTN의 특수성과 공영성 가치

YTN이 초기 경영 역경을 극복하고 시장에서 성공했을 뿐만 아니라, 언론 신뢰도가 세계 최저 수준인 한국에서 매우 높은 신뢰도를 유지하고 있는 것은 시사하는 바가 크다. 일반적으로 세계 각국의 뉴스채널들은 미국의 CNN, FOX News 등 민영 채널들을 제외하고 특히 유럽 등의 공영, 또는 공영적 뉴스 채널들은 시장에서 성공을 거두지 못하고 다채널 방송사업자의 지원을 받아 운영되는 경우가 많다. 최근 핀란드에서 공영 뉴스채널을 개국했다가 1년 만에 문을 닫기도 했다.

24시간 뉴스 전문 채널로서 한국형 CNN 모델을 구현해 낸 YTN은 24시간 속보와 객관적이고 중립적인 시사 정보를 제공함으로써 방송 저널리즘뿐만 아니라 한국언론의 고질적인 정파적 편향 문제에 균형점을 제공하는 역할을 했다. 특히 YTN의 공영적 정체성은 포털의 뉴스 상품화와 종편 등 민영채널의 타블로이드화를 견제하고 뉴스채널이 객관적인 공론장 역할 수행을 가능하게 한다.

뉴스채널의 공영성의 중요성은 미국의 FOX뉴스 채널과 FOX와 같은 News Corp 계열사인 영국의 Sky News의 현격한 차이에서 드러난다. 상업방송 체제인 미국에서 FOX뉴스 채널은 극도의 정치적 선정주의를 보이는 반면, 공영방송이 중심을 잡아주는 영국의 Sky News는 균형감과 고품질의 저널리즘을 구현한다는 것이다.(서수민, 2023)

공영적 뉴스채널인 YTN은 본 채널 이외에도 2004년 이후 'YTN 인터내셔널', 2017년부터는 'YTN Korea' 방송을 시작하는 등 국제방송에 관한 공적 역할을 수행해 왔다. YTN은 또한 2007년부터 과학기술부의 위탁사업으로 사이언스TV 채널을 출범시켜 15년째 운영하는 것도 공영적 정체성과 무관하지 않을 것이다.

2) 윤석열 정권 이후 공영성 회복의 가능성

결국 윤석열 정부는 2024년 2월 7일 자격과 준비가 미비한 유진그룹 계열사 유진이엔티에 30년 역사의 뉴스채널 YTN을 넘겨버리고 말았다. 명백하게 정권을 위한 정권에 의한 허무맹랑한 뉴스채널 매각 사건이랄 수밖에 없다. 윤석열 정권의 YTN 매각 추진은 설득력 있는 명분과 절차적 정당성을 결여한 것으로 비판받아 마땅하고, 매각 결과도 상당한 공익훼손과 부작용을 낳을 것이다.

위법적으로 무도하게 추진된 YTN의 민영화의 지속 가능성은 대단히 의문이다. 당장 방통위 여당 위원 2인에 의한 의한 의사결정 등 절차적 정당성에 관한 가처분 신청 문제가 해결된다 하더라도 이후 공적 책무의식을 부과하기 힘든 사적 기업에 의한 YTN의 운영은 온갖 잡음과 파열음, 정치 사회적 논란을 불러일으킬 수 있다. 이에 대한 책임은 무리한 매각을 추진한 윤석열 정권이 져야 한다. 그러나 윤석열 대통령의 형편없이 낮은 평판과 신망의 추세를 감안하면 임기후반 책임질 힘도 영향력도 없을 공산이 크다.

무엇보다도 윤석열 정권에 의한 YTN 민영화의 치명적인 약점은 정권이 바뀌면 무위로 돌아갈 가능성이 있다는 것이다. 무도한 정권에 의한 정당성을 결여한 매각 절차, 그리고 도덕성과 전문성, 책무성의 결함을 안고 있는 인수기업이 정권교체의 파고를 이겨낼 수 있을지도 미지수다. 설사 보수 정권으로 이어진다 하더라도 최소한의 합리성을 가진 정권이라면 윤 정권이 만들어낸 문제투성이의 지배구조의 취약성을 그대로 방치할 수는 없는 상황에 직면할 수 있다.

결론적으로 출범이후 정치권력으로부터 독립적인 지배구조를 구축하지 못한 YTN은 무도한 정권을 만나 졸지에 사적기업에 매각되는 수난을 당하게 되었으나, 여전히 추후 정권교체 등의 계기로 공영적 정체성 회복의 기회는 열려 있다고 하겠다. 뉴스채널 YTN의 정치적 독립과 공정한 언론, 지속 가능한 혁신 경영의 길은 여전히 해결되지 않은 숙제로 남아 있다.

제4부

대통령 권력과 한국언론 : 민주주의를 위한 규범적 역할

국민이 자율적인 만큼 국민들은 때로는 실수를 저지르고 부당하게 행동할 것이다. 민주적 과정은 자율적으로 행동하는 국민들이 올바르게 행동하는 방법을 배울 가능성을 두고 벌이는 하나의 도박이다.

로버트 달, 《민주주의와 그 비판자들》(1989)

자유주의 사회를 현실적으로 지탱하는 원칙의 핵심은 고대 그리스에서부터 내려오는 철학적 통찰로서 "아무것도 넘치지 않도록μηδεν αγαν; mēden agan" 끊임없이 스스로를 경계하는 '절제σοφροσυνη; sophrosynē'의 원칙이다. 자유주의 사회에서 절제의 윤리는 단순히 당위적 교훈이 아닌 현실적 생존의 문제다. 그러나 오늘날 자유주의의 실제적 추구 과정에서 이 절제에 대한 강조가 무시되어 왔다.

프란시스 후쿠야마, 《자유주의와 그 불만》(2023)

제7장

민주화 이후, 대통령 권력의 문제

“지난 30년간 한국 민주주의를 위험에 빠뜨린 것은 이들 정당과 의회가 아니라 대통령들과 청와대였다.”, “혹자는 한국의 정당과 의회정치가 늘 싸움만 한다고 탓하지만, 민주화 이후 지난 30년간 싸우고 갈등하고 경쟁하면서 7차례의 대통령 선거와 8차례의 국회의원 총선을 치러내고 국정감사와 입법, 예산 등의 활동을 하고 한쪽 세력이 권력독점 체제를 만들 수 있는 가능성을 제어함으로써 한국 민주주의를 지탱시킨 것은 의회와 정당이었다. 이에 비해 대통령 권력과 대통령실 정부는 의회와 정당을 무력화시키려는 시도로 민주주의를 위기에 빠뜨려 왔다.”

박상훈, 《청와대 정부》(2018, 103-14)

1 민주화 이후의 민주주의

1) "민주화 이후 한국 사회가 질적으로 나빠졌다"

한국에서 민주화 이후 10여 년, 최장집의 저서 《민주화 이후의 민주주의》(2002, 2005)는 '민주화 이후에 오히려 한국 사회의 질이 나빠졌다'는 흥미롭고도 중요한 화두를 던진다.

> "나는 민주화 이후 한국 사회가 질적으로 나빠졌다고 본다. 계급 간 불평등 구조는 훨씬 빠른 속도로 심화하여 왔으며, 과거 교육과 근면을 통해 가능했던 사회이동의 기회는 크게 줄어들었다. 어느덧 서울의 강남을 중심으로 상층계급 문화가 발전하고 소득과 교육의 기회가 점차 정비례하는 현실이 되었다. 그러면서 중산층 상층의 특권화된 부분과 나머지 서민이라고 할 수 있는 사회 부분 간의 괴리는 심화하였다."
>
> (최장집·박상훈, 2010, 8)

그렇다면, 그 후 20여 년의 세월이 지나는 동안 한국 사회의 질은 좋아진 것일까? 우선, 여기서 '한국 사회의 질'은 '민주주의의 수준'과 동의어로 쓰인다. 최장집은 민주화 이후 한국 사회의 질은 나빠졌기 때문에, 민주화에도 불구하고 민주주의의 공고화, 민주주의 발전을 이루지 못했다고 지적하고 있는 것이다.

《민주화 이후 민주주의》에서 언급하고 있는 한국 사회 질적하락론은 다음과 같이 다섯 가지로 요약해 볼 수 있겠다.

(1) 정치의 질

근본적으로는 보수편향의 양당 체제 문제, 그나마 정당은 당파 간 양극화 분열과 권력투쟁에 몰두한 나머지 다원적인 이념과 계급, 세대, 지역 등이 정치적으로 대표되지 못한다. 대표되지 못하는 유권자들은 포퓰리즘적 거리정치, 팬덤 정치 함정에 빠지거나 비참여로 머문다.

(2) 행정관료의 질

박정희 정부 시기 발전 국가적인 높은 수행 능력을 보였던 행정관료들은 권위주의적인 속성은 유지한 채 단기적 정권교체와 민간 정부의 취약성에 따라 관료적 위계구조의 혼란, 줄대기, 복지부동, 전문성의 결여, 무능, 무책임 등 부정적 측면이 심화하였다.

(3) 경제 민주화의 질

재벌의 영향력이 거의 통제 불능한 상태로 팽창했다. 서민과 노동계급의 이익 및 요구가 반영되지 않는 '노동없는 민주주의'가 지속된다.

(4) 시민의 삶의 질

자본이 노동을 지배하고, 계급구조 불평등이 심화하고, 정의 보다 효율성이 우위의 가치가 되면서 시민들의 삶의 만족도, 행복도는 낮은 수준에 머문다. 사회문화적으로 물질주의가 팽배하고,

지역, 이념, 세대, 계층의 균열과 분열, 상호 혐오 현상이 악화하고 있다.

(5) 언론의 질

"한국 정치는 언론이 움직인다"라고 할 정도로 언론의 영향력이 국가를 능가할 정도로 커졌지만, 언론에 대한 시민적 통제가 되지 않고 있다. 언론은 정치권력, 국가기구 내의 테크노크라트, 재벌 등과 이익을 주고받는 유착관계를 형성한다.

대부분 동의할 수 있을 것이고, 불행하게도 현재진행형의 문제들이다.[14] 한국 사회가 안고 있는 사회의 질, 즉 민주주의 문제는 경제 선진국, 글로벌 K-컬처, 올림픽 스포츠에서 활약 등 외형적 고도 성장과 대조를 이룬다.

대한민국은 2021년 7월 유엔무역개발회의UNCTAD에서 선진국 지위를 부여받음으로써 자타가 공인하는 경제 선진국이 됐다. 한국은 1996년 '선진국 클럽'이라 불리는 경제협력개발기구OECD에 가입한 뒤, 2010년 개발원조기구ODA의 구성원이 됨으로써 '원조를 받는 나라'에서 '원조를 제공하는 나라'로 변화한 세계 최초 유일 국가가 됐다. 경제규모 10위권 국가이며 반도체, 자동차 등 글로벌 산업의 주요 주자이고, BTS, 블랙핑크, 영화 기생충 등 글로벌 한류의 선풍적 인기 등 대단한 성과를 보여줬다. 그러나 최저의 출생률, 최

14 다만, (5) 언론의 질과 관련하여, 언론의 질이 좋아졌다고 말할 수는 없겠지만 언론의 영향력이 '국가를 능가할 정도', '한국정도를 움직일 정도'라는 말하는 것은 경험적 근거가 뒷받침 되지 않은 과장어법적 표현으로 보인다.

고의 자살률, 고령사회, 분열과 혐오 사회, '독재화autocaratizing'로 빠져드는 권력정치 등 질 나쁜 '불행사회'를 경험하고 있다.

2) 민주주의 수준과 국민 행복도

민주주의 = 국민 삶의 질

국제적으로 통용되는 객관적인 민주주의 지표 또한 경제 선진국 대한민국이 민주주의 관점에서는 선진국의 문턱을 넘지 못하고 허덕이는 현상을 보여주고 있다.

영국 경제 전문지 〈이코노미스트〉 산하 EIUThe Economist Intelligence Unit가 2006년부터 167개국의 민주주의의 상태를 조사하여 발표한다. EIU 민주주의 지수를 보면 우리나라는 '완전한 민주주의'와 '결함있는 민주주의'의 경계점인 8점을 오르내리며, 20위권 밖의 순위에 머무른다.

2022년 상위10위 국가의 EIU 민주주의 지수는 노르웨이 9.81, 뉴질랜드 9.61, 아이슬란드 9.52, 스웨덴 9.39, 핀란드 9.29, 덴마크 9.28, 스위스 9.14, 아일랜드 9.13, 네덜란드 9.00, 대만 8.99이다. 민주주의 수준이 높은 국가에서 국민들이 느끼는 행복감, 삶의 만족도 또한 높다는 것이 일관성 있는 연구 결과다. 주민 참여, 지방자치 등 직접민주주의가 실천되고, 정부와 사회에 대한 신뢰가 높고 그것이 국민들의 행복감으로 이어진다. 이런 민주주의 지수의 격차가 말해 주는 것은 그만큼 대한민국 사람들은 고통스러운 비민주적인 경험을 하면서 상대적으로 불행한 삶을 살 가능성이 높다는 것이다. 내부에서 느끼는 정치, 경제 · 사회 · 문화적 불평등, 기후변화, 인구소멸 등 중요한 사회문제의 미해결, 양극화 분열과 증오의 정치 등은 낮은 민주주의 수준을 말해 주고 있다.[15]

2 민주주의와 대통령 권력의 관리

1) 민주주의 선진국의 대통령 권력의 규범적 관리

민주주의 선진국인 북유럽 사회의 특징은 대통령 권력이 법과 제도, 규범에 의해서 잘 제어되고 관리된다는 것이다. 법과 제도상 주어진 권력을 신중하게 사용하는 '자제' 규범을 실천하고 권력을 함부로 정치적 경쟁자나 언론을 괴롭히는데 사용하지 못하도록 법과 규범적 제어 장치가 작동한다. 한국에서 이른바 '대통령 권력의 민주화'가 진행되어 제어되고 관리되었다면, 대통령 권력은 다음과 같은 모습을 하고 있어야 할 것이다.

15 EIU 2022 보고서는 한국의 민주주의 지수의 하락 이유에 대해 다음과 같이 밝혔다. "한국에서 대결적인 정당 정치는 한국의 민주주의에 큰 타격을 입혀 왔다. 정치가 마니교적으로 선과 악으로 나뉘면서 합의와 타협의 공간이 축소되고, 그래서 종종 정책 결정 과정이 마비되었다. 정치인들은 합의를 이루고 시민의 삶을 개선하기 위해 노력하기보다 정적(rival politicians)을 쓰러뜨리는데 정치적 에너지를 쏟는다. 이와같은 대결적인 정치 패턴은 한국 국민들을 점점 정치에 대한 환멸과 공직자에 대한 불신에 빠지게 했다. 그 결과 시민들이 정치적인 제약을 받지 않는 강력한 지도자에 의한 통치를 지지하는 경향이 높아지고 있다." (EIU 2023, 46-49).

(1) 대통령 권력 분산

대통령에 집중된 권력을 내각과 여당, 국회에 적절히 분산, 배분하고 야당을 인정하고 협력, 협치한다.

(2) 견제 기관 독립성 존중

대통령 권력에 대한 견제와 균형을 위한 조직들, 즉 사법부, 감사원, 국민권익위원회, 검찰, 경찰, 방송통신위원회, 공영언론의 독립성과 자율성을 존중한다.

(3) 국민 통합 노력

민주주의를 퇴행시키는 당파적 양극화의 함정에 빠지지 않고 반대 비판 경쟁 세력을 인정하고 국민 통합 노력을 기울인다.

(4) 국정과제 민주적 추진

경제 불평등, 노동, 연금, 교육, 기후변화, 저출산 고령화, 외교 문제 등 주요 국정과제를 이해 갈등 당사자 간 의사소통과 국민 여론을 살피고 설득을 통해 해결한다.

이처럼 정치권력이 민주주의를 위해 규범적으로 작동하도록 하는 것은 물론 저절로 이뤄지는 것은 아니다. 노르웨이, 스웨덴 등 북유럽 국가들은 1970년대 이후 '민주주의와 권력 조사'를 실시해 왔다. 이것은 민주주의가 모든 시민의 권리와 자유, 정치참여를 보장하는지, 권력과 민주주의가 사회공동체와 정치공동체의 지속과 진보를 위해 작동하는지를 조사하고, 문제가 있으면 시정하고 개혁해서 민주주의 수준을 고도하기 위한 것이었다.(김인춘, 2020)

2) 민주주의 퇴행을 부르는 대통령 권력의 문제

하버드대 정치학과 교수 스티븐 레비츠키와 대니얼 지블랫(Levitsky & Ziblatt, 2018)은 민주적인 헌법을 가지고 있는 국가에서 극단적인 포퓰리스트가 대통령에 선출된 이후 독재자로 변신하면서 민주주의를 위협하고 전복하는 사례를 연구해 왔다. 선거가 주기적으로 실시되고 야당이 의회에서 활동하고 신문이 그대로 발행된다고 해도, 합법적으로 등장한 파퓰리스트 권력자가 검찰, 경찰, 정보기관, 감사원, 국세청, 규제 기관 등을 장악하여 게임의 규칙을 바꾸고 경쟁적인 세력들을 탄압하면서 민주주의 퇴행을 초래하는 현상을 관찰했다.

이러한 민주주의 퇴보 현상은 헝가리의 오르반Orbán, 튀르키에의 에르도안Erdôgan, 베네수엘라의 차베스Chavez 정권, 그리고 최근 세계 민주주의 모델 국가인 미국에서 트럼프 대통령[16]이 다음과 같은 네 가지 전제주의적 행동 신호를 보이면서 나타난다는

16 트럼프 대통령은 FBI, CIA, 국가안전보장회의 등 정보기관의 수장을 불러 개인적인 충성을 요구했다. 대선 기간 러시아의 개입에 트럼프의 측근들의 연루 의혹에 대한 수사를 중단하도록 압력을 넣었고, 압력을 무시하고 러시아 수사를 오히려 확대한 제임스 코미(James Comey) FBI 국장을 해고했다. FBI 82년 역사상 10년 임기가 끝나기 전에 국장을 해고한 사례는 그전에 명백한 윤리 위반에 의한 해고 단 한차례 밖에 없었다. (Levitsky &, Ziblatt, 2018, 224-226).

것이다. ① 민주주의 규범에 대한 거부, ② 정치 경쟁자에 대한 부정, ③ 폭력에 대한 조장이나 묵인, ④ 언론 및 정치 경쟁자의 기본권을 억압하려는 성향 등이다.

레비츠키와 지블렛은 전제주의 대통령과 독재를 막을 헌법이나 법률은 없다면서, 20세기 대부분의 기간 동안 미국 민주주의 기반을 강화하고, 칠레 등 남미 국가의 민주주의를 회복하게 한 것은 두가지 규범이었다고 말한다. "즉 정당이 상대 정당을 정당한 경쟁자로 인정하는 상호 관용nutual tolerance과 이해 understanding, 그리고 제도적 권리를 행사할 때 신중함을 잃지 않는 자제forbearance."(Levitsky &, Ziblatt, 2018, 15) 가령 미국 헌법은 1952년 수정헌법 제22조가 추가되기 전에는 대통령의 임기 제한이 없었다. 그럼에도 초대 워싱턴 대통령이 두 번의 임기를 마치고 스스로 퇴임하는 관습을 만들고 후임 대통령들이 따르면서 권력자제의 규범의 형태로 자리 잡았다.

3 한국에서 대통령 권력과 민주주의 퇴행 문제

1) '전제주의적 대통령' 현상

대통령 권력의 집중과 독점의 기원

한국에서 대통령 권력의 독점과 초집중화로 인한 '전제주의적 대통령' 현상은 초대 이승만 대통령이 당시 검토됐던 의원내각제

대신 대통령제를 고집하면서부터 시작되었다. 이후 독재정권으로 이어지고 민주화 이후에도 크게 변화나 개선되지 못했다. 해방 이후 분단과 전쟁, 좌우 이념 대결 상황에서 군과 경찰, 검찰까지 동원한 강력한 국가권력이 대통령을 중심으로 형성되었고, 박정희 유신독재 체제를 거치면서 대통령 권력의 독점과 집중은 더욱 강화되었다.(최장집·박상훈, 2010, 67-68) 대통령 권력의 독점 집중화 문제는 1987년 민주화 이후에서 해결되지 못하고 때로는 더 악화하고 최근에는 권력의 사유화 경향까지 나타났다.

'대통령실 정부' 현상

대통령 권력의 독점과 초집중화 문제는 국가권력이 대통령에게 집중되어 임의조직인 대통령실을 중심으로 자의적으로 정부를 운영하는 '대통령실 정부' 현상으로 나타난다. 한국의 대통령실 비서실 인력만 약 450명으로 우리보다 인구가 약 7배 많은 강대국 미국의 백악관과 맞먹는 수준이다. 대통령실 비서실은 입법, 사법, 행정 권한도 없으면서 사실상 입법-행정-사법 모두의 상위에 서서 지휘하고 장악하고 있다. 그래서 "장관은 대통령실 수석들의 행정 보좌관", "행정부처는 입법부를 거친 정책을 집행하는 기관이 아니라 청와대의 뜻을 집행하는 기관"이라는 말이 나온다.(박상훈, 2018)

대통령 권력은 민주적 견제와 균형을 하는 대표적 기구인 의회를 이견과 반대를 일삼는 귀찮은 세력으로 여기는 반정치주의 경향을 보이기도 했다. 박근혜, 문재인 대통령이 그랬고, 윤석열 정부는 아예 야당을 적대하고 괴롭히기를 하고 있다. 이것은 사실상 의회를 통한 다양한 사회 갈등 조정과 타협과 합의에 이르는 대의민주주의를 부인함으로써 민주정이 아니라 전제적 유사 군주정의 특성을 드러내는 것과 같다.

박상훈은 "대통령의 반정치주의는 일종의 '대통령병'이 되었"고 "지난 30년간 한국 민주주의를 위험에 빠뜨린 것은 이들 정당과 의회가 아니라 대통령들과 청와대였다."(박상훈, 2018, 103-104)고 말한다. 혹자는 한국의 정당과 의회정치가 늘 싸움만 한다고 탓하지만, 민주화 이후 지난 30년간 싸우고 갈등하고 경쟁하면서 7차례의 대통령 선거와 8차례의 국회의원 총선을 치러내고 국정감사와 입법, 예산 등의 활동을 하고 한쪽 세력이 권력독점 체제를 만들 수 있는 가능성을 제어함으로써 한국 민주주의를 지탱시킨 것은 의회와 정당이었다는 것이다. 이에 비해 대통령 권력과 '대통령실 정부'야말로 의회와 정당을 무력화시키려는 시도로 민주주의를 위기에 빠뜨린 주요 원인이 되어 왔다.

권력 감시기관 장악

'절대 권력은 절대적으로 부패한다.'[17] 민주주의는 권력의 부패를 견제하는 제도라고 할 수 있다. 그래서 민주정이 유지되는 조건으로 독점권력에 대한 견제와 감시를 위한 입법-사법-행정의 삼

17 'Absolute power corrupts absolutely.' 영국의 역사가이자 정치가인 존 달버그-액튼(John Dalberg-Acton)의 명언으로 알려져 있다.

권분립과 감사원, 검찰, 언론 등 독립기구의 필요성이 강조된다.

한국에서 처음부터 독점과 집중 형태로 출범한 대통령 권력은 경찰과 검찰은 물론, 권력 견제 기구인 감사원, 사법부 등의 자율성과 독립성을 침해하고 때로는 노골적으로 예속화를 자행했다. 스스로 절제하도록 하는 자율적 동기나 외부적 견제와 제어 장치가 없었기 때문이다. 전제주의적 대통령에 대한 의회와 정당의 견제 기능은 거의 무력화되었고 대통령 권력의 개입으로 여야 간 합의 정치의 관행이 무너지곤 하였다. 대통령 권력에 대한 효과적인 견제가 이뤄지지 못하는 상황에서 민주주의의 퇴행은 당연한 것이었다.

역대 대통령이 임기 후반과 임기 후 본인과 측근 비리로 인한 비극적인 결말을 직면해야 했던 것은 권력 감시기관의 장악과 무관치 않을 것이다. 대통령들은 독립적이어어 할 감사, 수사, 조사 기관을 경쟁적인 정치세력을 억압하고 괴롭히는데 부당하게 동원하곤 했다.

2) 당파적 양극화

양극화가 민주주의 퇴행이 되는 이유

"정치란 기본적으로 권력투쟁이므로 정치인은 항상 상대를 쓰러뜨려야 하는 직업이다. 그러니 공격하는 나 자신도 공격받지 않을 수 없다. 인간이 견뎌내기에는 어려운 일이라 삶이 황폐해질 수밖에 없다."(노무현재단, 2019) 노무현 대통령이 2007년 측근들에게 '전쟁과 같은 정치'에 대해 토로한 말로 전해진다.

한국의 현대정치에서 분열된 당파싸움은 상수가 됐다. 당파적 양극화는 국내외 민주주의 퇴행의 원인이자 결과로 나타난다, 당파적 양극화가 민주주의 퇴행을 부르는 조건적 맥락이 되는 이유는 첫째, 당파성에 따른 정체성 정치identity politics가 활성화되면서, '우리'와 '저들'을 선과 악의 대결적 구도가 형성되기 때문이다. 이때 전제적 대통령은 '저들'을 인정하지 않을 뿐만 아니라 괴롭히는 비민주적 상황이 전개된다. 둘째, 당파적 양극화 분위기에서 유권자들은 당파적 이익과 이념적 이슈 옹호, 당파적 엘리트로부터의 시그널 등의 메카니즘을 통해 관용과 절제의 민주주의 규범과 가치를 위반하는 전제적 지도자를 지지하게 된다는 것이다.(권혁용, 2023, 39)

이념 경쟁 아닌 당파적 진영싸움

본래 정치는 정치세력간 권력투쟁과 적대와 갈등의 속성을 가지고 있고, 그래서 민주주의는 사회 내 다원적인 정치세력이 표출하는 다양한 갈등과 적대, 분열까지도 관리할 수 있을 때 성숙한 단계로 이르게 된다.(Shattschneider, 2008; Mouffe, 2000)

한국에서 해방 이후 냉전 반공 체제에서 보수정당 중심으로 양당체제가 형성됨으로써 진보와 보수 유권자를 대표하는 진정한 이념정당으로서 국민을 위한 정책경쟁을 하기보다 자기 세력을 위한 생존과 번영을 위한 진영싸움에 몰두하게 됐다. 진영 간 정치적 경쟁과 갈등은 상대방을 '종북좌파', '토착왜구' 등 선전언어 프레임을 동원한 극한적인 적대 관계로 치달으면서, 반대 세력과 비판자들을

배척하는 '배제의 정치'로 나타났다.(최장집·박상훈, 2010, 80-81; 최장집, 2020)

파당적 양극화는 국내외 민주주의 퇴행의 공통된 조건으로 꼽히는 요소인데, 양 진영의 당파세력들이 분열하여 서로 적대하는 구조에서 대통령은 열광적으로 지지하는 팬덤집단만을 대표하고, 경쟁적인 당파를 불인정할 뿐만 아니라 공격, 억압함으로써 민주주의를 위기에 빠뜨린다.(손열, 2021; 박상훈, 2018)

당파적 양극화와 '정책의 정치적 실패' 현상

당파적 양극화는 진영 간 분열의 악화로 인해 대통령의 주요 정책의 수행과정에서 커다란 걸림돌로 작용한다. 대통령은 야당과 협치에 나서기보다 사법부와 권력기구를 활용하여 경쟁적인 세력들을 통제하려고 하고, 여당과 열성 지지 집단을 중심으로 국정을 일방 운영하여 정파적 대결을 부추기곤 한다.(손열, 2021) 정치는 편을 갈라 싸우기만 하고 국가 위기를 해결하기 위한 정책은 실종하고 민생은 피폐해져 간다.

다원주의적 민주주의의 정치에서 "적대와 폭력은 근본적으로 뿌리 뽑힐 수 있는 것이 아니고 최종적인 해결책이 존재하는 것도 아니다."(Mouffe, 2000, 209) 파당간에 존재하는 잠재적 적대를 인정하고 잘 관리해서 경쟁으로 전환하는 것이 슬기롭고 민주적인 정치역량이다.

갈등과 적대가 관리되지 못한 파당적 분열과 권력투쟁의 장에서는 중요한 국정 과제가 의제설정 단계에서부터 좌절된다. 고령화 저출산, 기후변화 대응, 양극화 불평등 문제 등 주요 정책과제들이 분열과 혐오의 양극단 정치판에서 중요의제로 오르지도 못하고 진지하게 논의되지도, 그리고 합의되기도 어렵다. 당파적 양극화로 인한 정치의 실패는 정책의 실패를 초래하는, 이른바 '정책의 정치적 실패' 현상이 나타난다.

야당과 협치하지 않고 야당을 괴롭히는 적대적 양극화 정치 구조를 형성하고 있는 윤석열 정부에서 노동, 교육, 연금 개혁 정책의 성공을 기대하기 어려운 이유이다.

3) 권력의 사유화와 엽관제 정치

한국적인 대통령 권력의 사유화

김종인의 자서전《영원한 권력은 없다》(2020)와《왜 대통령은 실패하는가》(2022)는 내부 참여관찰자 관점에서 역대 대통령의 실패 요인을 구체적이고 적확하게 지적해 내고 있다. 김종인의 관찰에 따르면, 한국 대통령의 실패는 대통령 권력집단의 사적인 성격과 제왕적 대통령 권력의 사유화와 같은 대통령 권력의 전근대성에서 비롯된다. 즉, 대통령 권력집단은 대통령측근 중심의 비선조직으로 구성되고 캠프 공신 중심으로 자리를 나눠주는 엽관제가 횡행하고, '무소불위'의 제왕적 권력은 대통령 비선조직 집단의 이해를 위해 무절제하게 사용되고 대통령의 개인적 성격과 감정, 심기, 생각에 따라 정책결정이 휘둘리는 현상이 한국적 대통령 권력의 문제적 특징이라는 것이다.

비선조직 엽관제 정치

역대 대통령들은 공통적으로 비선그룹에 의한 엽관제 정치를 했다. 소위 '캠프' 출신의 측근 비선 세력들이 선거 이후에 "국가를 하나의 전리품처럼 여기고, '상대방도 그랬는데 우리라고 못 할쏘냐'라는 식으로 엽관제 처럼 자리를 나눠 가지고 약탈국가 predaory state로 만들었다.(김종인, 2022, 325-328)

"어떤 대통령이든 처음에는 친인척이나 측근 관리를 좀 신경 쓰는 듯하다가 조금만 시간이 지나면 관심이 소홀해지고, 그런 틈을 타서 대통령 가족과 친인척은 물론 대통령과 과거에 옷깃 한 번 스친 인연이 있는 사람들까지 어디선가 기어 올라와 권력의 주변에 활개를 친다. 이들을 제어해야 할 감찰 부서의 담당자들도 슬슬 눈치를 보다가 종국에는 그들의 수중에 놀아나게 된다. 그런 모습을 지난 수십 년 동안 정말 지겹도록 지켜봤다. 대통령이 변해가는 모습 역시 정밀화를 감상하는 것처럼 눈앞에서 확인했다. 세상에 알려진 것 이상으로 추잡한 모습을 보고 듣고 경험했다."(김종인, 2020, 273)

역대 대통령들은 극히 소수의 측근과 비선조직의 폐쇄 회로식 결정방식으로 국정을 운영하는 경우가 많았다. 노태우 정부는 대구경북TK, 김영삼 정부는 부산 경남 PK, 김대중 정부는 호남 인맥, 노무현 정부는 친노 386, 이명박 정부는 친이 그룹, 박근혜 정부는 친박 그룹, 문재인 정부는 친노 86, 윤석열 정부는 검찰 인맥으로 비선조직을 구성했다.

대통령 비서실과 내각, 공공기관 자리들은 대통령 측근이나 선거캠프 출신 인사로 부적격자, 낙하산 인사, 보은 인사로 채워졌다. 비선조직의 문제점은 국무회의와 내각 등 공적으로 행해져야 할 정책 결정 과정이 사적 권력의 영향력이 우위에 서서 지배함으로써 민주주의 원리와 충돌하고 심각한 부작용을 만든다는 것이다. 이 사적 권력은 배타적인 자기들만의 특혜의 연줄망을 만들고, 대통령의 외부세계와 연결을 차단함으로써 부패의 원천이자 온상으로 가능하게 되었다.(최장집·박상훈, 2010)

권력 사유화와 법과 제도의 약탈

민주화 이후, 한국 대통령 권력은 민주적 절차를 통해 선출되지만, 일단 선출만 되면 모든 권력이 대통령 1인에게 위임, 집중되고 사유화되는 문제위임민주주의, delegative democracies를 드러냈다. 그리고 '선출된 권력'이라는 민주적 정당성의 외피를 쓰고 선출되지 않은 '대통령실'이 무소불위의 권력을 사적 이익을 위해 사용하는 문제결손 민주주의, defective democracies를 반복적으로 재현했다.(신진욱, 2016)

선거를 통해 일단 정권을 잡은 대통령과 '대통령실' 측근, 비선조직은 민주주의의 외양을 띠고 있는 법과 제도, 그리고 국가기구를 정권의 사익을 위한 도구로 전락시키곤 했다. 이명박, 박근혜 정권에서, 그리고 최근 윤석열 정권하에서 대통령 권력이나 검찰, 경찰, 정보기관, 감사원, 국세청 등 핵심 권력기관을 동원하여 야당을 괴롭히고, 비판적인 언론들을 공격하는 사례가 빈번하게 발생했다.

특히 윤석열 정부 들어, 방통위와 방심위, 그리고 KBS 이사회의 장악, 그리고 뉴스타파의 김만배 녹취록 보도와 MBC의 '바이든 날리면' 보도 등 대통령 관련 언론보도에 대한 검찰과 경찰의 언론 압수수색, 방심위와 선거방송심의위의 정파적 자의적 심의의 남발은 '사유화한 대통령 권력에 의한 법과 제도의 약탈'이라는 비판을 받고 있다.

포용 정책 vs 약탈 정책: '왜 정부는 실패하는가?'

결국 권력이 대통령실과 대통령실을 구성하고 있는 비선조직에 집중하게 되면 국가권력의 사유화 문제를 발생시키고, 그것은 국민을 위한 포용적 정책이 아니라 대통령실 권력층과 지지세력만을 위한 '약탈적 정책'을 만들고 시행함으로써 결국 정부의 실패로 이어진다.[18] 이것이 독점 사유화한 한국 대통령 권력이 정부의 실패, 정책의 실패를 초래하는 공식이다.

---

18 애쓰모글루와 로빈슨(Acemoglu& Robinson, 2013)는 〈국가는 왜 실패하는가〉 저서에서 권력을 사유화한 전제주의 권력이 국민들을 위한 포용적 정책이 아니라 집권한 권력집단을 위한 착취적 정책을 선택함으로써 정부의 실패, 정책의 실패를 초래한다고 주장했다. 다음 사례 참조. "1589년 윌리엄 리는 마침내 '양말 짜는 틀' 편물기계를 만들어냈다. 그는 설레는 마음으로 곧장 런던으로 향했다. 엘리자베스 1세를 알현해 이 기계가 얼마나 유용한지 보여주고 다른 사람이 설계를 모방하지 못하도록 특허를 요청할 참이었다. (…) 여왕은 이런 이유를 들어 리에게 특허 내주기를 거부했다. "리 명장의 의도는 높이 사겠소. 허나 그대의 발명품이 나의 가엾은 백성에게 무슨 짓을 할지 생각해 보오. 이런 기계를 만들면 백성이 일거리를 모조리 빼앗기고 거지가 될 게 불을 보듯 뻔하지 않소." (…) 리에게 특허를 거부한 것은 사실 그의 기계 때문에 일자리를 잃게 될 백성이 가여워서가 아니었다. 정치적 패자로 전락할 것이 두려웠던 것뿐이다. 리의 발명품으로 곤경에 처한 백성이 정치 불안을 초래하고 자신들의 권력 기반을 뒤흔들 수 있다는 위협을 느꼈던 것이다(268-269).

4 문재인 대통령의 촛불 민주화 실패 교훈

1) 문재인 대통령이 성공했더라면

민주화 이후 한국 민주주의 공고화 과정에서 문재인 대통령의 실패는 치명적이다. 촛불혁명과 헌정사상 최초의 대통령 탄핵을 이끌어낸 민주 시민 세력의 지지를 기반으로 한국 민주주의의 수준을 업그레이드시킬 절호의 기회를 놓치고 말았기 때문이다.

문 대통령에게 걸었던, 모처럼의 '국민 화합', '공정', '정의'에 대한 기대는 '분열'과 '내로남불', '불평등'에 대한 증폭된 실망과 분노로 전환되었다. 부동산, '소주성', 탈원전 등 주요 대통령의제들은 왜 해야하는지 설득하지 못하고 이념적 사명감만 앞세우다 대부분 실패로 귀결났다. 한국 민주주의의 숙원 과제라 할 수 있는 검찰개혁은 어처구니없는 요령부득으로 개혁대상인 검찰권력이 오히려 대통령 권력을 되치기 하여 권력을 잡게 만드는 '민주주의 참사'로 귀결되고 말았다. 문재인 대통령은 무엇을 잘못한 것일까? 문재인 정권의 실패사례는 한국 민주주의 역사의 반면교사 교재로 사용될 것임에 틀림없다.

이제는 언제 그랬나 싶겠지만, 임기를 시작할 때 문재인 대통령의 리더십은 "선함과 의로움, 공감과 배려, 상생과 협치, 상식과 원칙으로 표현되는 긍정의 정치, 포용의 정치를 구사하면서 통 큰 진보적 가치를 구현해 내고" 있는 듯했고, 그의 "생각과 말과 행동은 이념과 정파, 진영 논리에 전혀 갇혀 있지 않고, 패권정치나 권력욕에서 완전 해방된 모습을 보여줬다." 그래서 "문 대통령이 먼저 이념과 진영논리를 넘어선 포용과 협치 정치를 구사"하기를 기대했다.(최영재, 2017. 5. 24.)

역사적 가정이긴 하지만, 문재인이 성공한 민주주의 대통령이었다면, 첫째 취임식 직후 야당 당사를 찾았듯이, 야당과 모든 사안에 대해서 협치를 했을 것이다. 김정은과 정상회담을 할 때는 북한에 불신과 적대 감정을 가지고 있는 보수 정당도 다독거리며 같이 갔을 것이고, 일본과 무역갈등이 있을 때도 야당과 보조를 맞췄을 것이다. 둘째, 최저임금, 탈원전, 부동산 정책 등을 펼 때는 손해 보는 사람들을 살피고 갈등을 조정해 가면서 추진해 나갔을 것이다. 셋째, 혁신을 통한 경제성장 정책을 챙기고, 불평등 해소를 위한 노동과 복지 정책, 코로나 상황에서는 피해를 받는 중소상인 중심으로 지원했을 것이다. 마지막으로 가시적인 검찰개혁의 성과를 냈을 것이고, 윤석열 검찰총장을 임명하지 않았을 것이다.

2) 촛불집회를 통한 민주주의 공고화 실패 이유

민주주의는 혁명으로 완성되는 것이 아니라, 개혁적인 제도와 규범으로 공고화된다. 민주적 제도와 규범은 경쟁적인 정치세력 간의 갈등-논쟁-협의-타협의 과정을 통해 형성된다.

1987년 민주화 운동은 직선제 개헌을 통한 독재 청산과 절차적 민주주의 제도 수립의 목표를 달성하였다. 그리고 민주화 이후

30년, 2017년 '촛불혁명'은 헌정사상 처음으로 시민의 힘으로 대통령 탄핵을 이루었다. 그러나, 정작 탄핵을 당하게 만든 대통령 권력의 문제, 즉 권력의 초집중 독점 문제를 해결하는데까지는 이르지 못했다.

문재인 대통령은 분노한 시민들이 표출한 촛불집회의 열망을 바탕으로 국정농단을 일으킨 대통령 권력의 민주화 개혁을 실행하지 못했다. 대신, 강성지지세력의 욕망에 부합하는 적폐척결 운동에 나서면서 민주주의 퇴행 현상인 대통령 권력의 독점력 강화와 당파적 양극화를 오히려 부추기는 치명적인 실수를 범하고 말았다.

민주화 운동과 촛불집회는 포퓰리즘 운동의 범주로 분류할 수 있다. 포퓰리즘 운동은 역사적으로 억압적 권위주의 체제에 저항하여 구체제를 붕괴시키는 역할을 한다. 하지만, 문제는 "포퓰리즘이 대개 옳은 질문을 하고 틀린 답을 내놓는다."(Mudde and Kaltwasser 2019,188)는 것이다. 촛불집회는 전제주의적 박근혜 정권의 문제를 제기하고 정권을 무너뜨렸으나, 보다 본질적인 문제랄 수 있는 대통령 권력의 민주화 과제를 해결할 수는 없었다. 권력의 민주화는 바로 문재인 대통령이 가지고 있는 권력을 의회 등과 분담하고, 권력 사용을 최대한 자제하는 민주적인 권력 규범의 실천에 있었기 때문이다. 문 대통령은 권력 분담이나 협치 대신 상대를 악마화하고 '적폐청산' 몰이에 나서고, 그 과정에서 지나친 정치의 도덕화를 시도함으로써 스스로 '내로남불'의 함정에 빠지게 되었다. 결과적으로 대통령 권력의 독점력 강화와 정치의 양극화 분열 등 민주주의 퇴행을 피하기 어려웠다.(차태서, 2021)

3) 대통령 권력 독점 집중화, 권력 분산 개혁 무산

1987년 민주화 운동과 직선제 개헌의 성사는 운동세력의 혁명적 전복에 의한 것이 아니라 당시 경쟁적인 정당과 정치세력이 상호 이해와 타협을 통해 이뤄낸 '협약 민주주의'의 결과였다.(최장집·박상훈, 2010) 따라서 이후 집권 세력과 야당 세력들은 상호 인정과 협의에 의해 권력분점을 이루면서 대의 민주주의 제도를 안착시키는 것이 당위였다. 그러나 대통령 선거의 승자독식 체제에서 집권 세력은 대통령 권력을 독점하고 초집중화하여 무소불위의 권력을 행사하고 야당을 적대시함으로써 당파적 양극화 문제가 악화하면서 분열과 갈등, 혐오의 민주주의 위기를 초래했다. 문재인 정부는 촛불집회의 여파로 2017년 대통령 선거에서 승리했을 뿐만 아니라 야당은 탄핵당한 세력으로 지리멸렬한 상태였기 때문에, 탄핵의 중요한 원인이었던 '전제주의적 대통령' 문제를 완화하고 해결할 동기 부여가 없었다. 오히려 내각과 의회를 지배하는 '청와대 정부'라 불릴 만큼 대통령 권력의 집중 독점을 강화하였다. 검찰이나 감사원처럼 '심판'의 역할을 해야 할 주요 기관의 독립성과 자율성은 압박, 훼손되었고, 사법부 역시 정치적 중립성을 의심받았다.(박상훈, 2018; 강원택, 2021) 공영방송의 독립성 공약은 임기 초반 무책임하게 내팽개치고서 방통위와 방심위의 정파적인 재구성, 그리고 KBS, MBC, YTN 사장의 낙하산 인사의 후진적 관행을 답습하였다.

여당인 더불어민주당은 2018년 지방선거에서의 압승, 2020년

21대 국회의원 선거에서 코로나19 상황 덕분에 거의 180석에 달하는 의석을 차지하는 횡재를 하였다. 그러자 민주당은 민주화 이후 지속되었던 정당 간 의석 비율에 따라 상임위원장직을 배분하던 관행을 깨고 모든 상임위원장직도 독차지하였다. 문재인 대통령과 여당은 야당을 패싱하면서 독주하였고, 강성 지지층인 문팬들의 드센 활동으로 여당 내 반대 목소리도 사라져 갔다. 대통령이 추진하는 의제는 내각이나 의회의 별다른 방해 없이 입법화할 수 있었으며 실제로 대부분 국회를 통과하였다.

그러나 문 대통령의 주요 의제에는 민주주의 발전을 위한 대통령 권력 분산이나 감사원 등 권력 견제 기관, 그리고 공영방송 지배구조의 독립성에 관한 공약의 이행 같은 것은 사라졌다.

문 대통령 취임연도인 2017년 말 국민 75%가 대통령 권력 분산을 위한 5년 단임 대통령제 개헌 필요에 동의하였다. 그러나 이미 권력을 독점 집중화하였고, 당분간 이 구조가 지속될 것으로 전망되는 상황에서 권력 분산 개헌의 동기 부여가 되지 않아서인지 개헌은 더 이상 본격적으로 추진되지 못했다.

독일 아데나워 총리가 총선 압승하고도 걱정한 이유

문 대통령과 같이 정치적 격변기에 거둔 총선 압승 상황에서 독일 아데나워 총리의 반응은 전혀 달랐다. 독일에서 1957년 선거는 아데나워의 정치적 이력에서 정점을 찍은 선거였다. 아데나워의 기민련/기사련이 얻은 지지율인 50.2%는 독일연방공화국 역사상 전무후무했다. 반대편의 사민당이 1959년 '고데스베르크 강령'을 통해 당의 정체성이나 다름없는 사회주의와의 단절을 선언한 것도 결국 이 극적인 패배 탓이었다.(문수현, 2023, 90-91)

그런데, 당시 서독 특파원으로 활동했던 미국 언론학자 로버트 알철Robert J. Altschull의 관찰에 따르면, 기민당 의원들은 역사적인 압승에도 불구하고 예상과 달리 냉량하고 신중한 우려의 빛을 감추지 못하고 있었다는 것이다. 그것은 몇 년 전까지만 해도 선동정치가인 아돌프 히틀러를 열렬히 추앙했던 독일 국민들이 역사적 교훈을 깨닫지 못하고 여전히 한 지도자를 열렬히 추종하고 있는 것이 아닌가 하는 의구심을 떨쳐 버릴 수 없었기 때문이다.(Altschull, 1984, 11-12) '승자의 저주'와 같이, 권력의 집중과 독점 쏠림현상은 민주주의 위기와 비극적인 결과를 가져올 수 있다는 사실을 경험이 풍부한 역량의 지도자 아데나워는 간파하고 있었다.

4) 팬덤 정치 함정, 당파적 양극화

"문재인 정권이 촛불집회의 스펙터클한 힘을 기성 제도에 흡수되지 않고 사회경제적 개혁의 힘으로 재구성되도록 이끌기 위해서는, 무엇보다 현 정권을 둘러싼 진영론을 깨고 나와야 한다."(이승원, 2020, 37) 당시, 문재인 정부가 탄핵을 당한 전임 박근혜 정부와 차별화하고 통합과 협치의 정치로 나아가기 위해서 진영의 정치, 팬덤 정치를 극복하고 야당과 더불어 개혁과제를 수행해 나가야 한다는 충고가 있었다. 그러나 문 대통령은 취임식 직후 야당 당사를 들르는 잠깐의 통합의 정치의 제스처를 취한 뒤, 곧바로 팬덤 정치의 함정에 빠져들었고, 결국 자기 진영중심의 통치로 인한 당파적 양극화 문제를 야기하였다.

팬덤 중심의 진영정치와 그로 인한 당파적 양극화 정치는 경쟁세력을 적대하고 배제하는 것이기 때문에 사회 내 이해당사자들의 다원적 의사와 다양한 갈등을 조정하여 민주적으로 문제를 해결하는 정책적 성과를 내기가 어렵다. 중요하고 큰 개혁일수록 반대 세력과 타협하고 협력을 얻어내어 의회 다수의 동의를 필요로 하기 마련이기 때문이다. 분열된 진영정치에서, 촛불시위 과정에서 표출된 다양한 사회경제적 여망들이 주요 정책으로 실현되지 못한 것은 예상된 결과라고 할 수 있다. 빈부격차의 축소, 젊은 세대의 교육 문제와 청년 실업 문제, 노령화에 따른 사회복지 안전망 확대, 재벌 개혁과 중소기업 발전 정책, 그리고 문 정부가 내세웠던 검찰개혁도 이루지 못하고 오히려 퇴보한 것은 당파적 양극화에 기댄 대통령 권력의 문제에서 기인한 것이다.(최장집, 2020)

5) 비선조직 엽관제 정치: 낙하산 인사

한국 정치의 후진성을 나타내는 전근대적 비선조직과 엽관제 관행은 문재인 대통령 시기 전혀 개혁되지 못했다. 문재인 대통령은 엽관제의 대표적 사례인 낙하산 인사 근절을 공약했고, 취임 초 여야 4당 대표들과 만난 자리에서도 공공기관 인사에 부적격자, 낙하산 인사, 보은 인사는 없다고 약속했다. 문 대통령은

'모든 국민의 대통령'이 되겠다던 약속과 달리 시민단체, 운동권 인사들과 특정 '라인'의 인물들을 대거 청와대 핵심 자리와 정부 부처장에 기용하여 전임 대통령들에서 문제시됐던 독선적인 '코드인사'를 답습했다.

문재인 정부 동안 공기업 36개 중 28개 기관 63명, 준정부기관 96개 중 45개 기관 76명, 기타 공공기관 218개 중 68개 기관 107명이 낙하산 인사로 이루어졌으며, 금융공공기관의 감사나 비상임이사 약 42%가 정치권 낙하산 의혹에서 자유롭지 못하다는 등의 언론 보도들이 있었다.(조해수·유지만·공성윤, 2021. 4. 19.)

문 대통령 지지율은 약 70~80%에서 시작하였으나, 임기 초반 '코드 인사'로 분류될 수 있는 인물들의 등용과 민심을 살피지 못한 소득주도성장, 최저임금 인상, 탈원전 발표 등으로 급격히 하락했다. 중반 이후에도 조국 법무부 장관 임명 강행과 청와대 인사들의 도덕적인 스캔들과 같은 인사 문제와 부동산값 폭등 등 정책 실패로 임기 후반 30% 후반대로 수렴했다.

6) 오만한 도덕 정치의 함정: 민심 읽기의 실패

'내로남불' 정치. 문재인 대통령의 오만한 도덕 정치를 지칭하는 용어이다. 문재인 정부는 왜 내로남불 정권이 되었을까? 탄핵을 당한 전임 정권의 대통령 권력 남용과 실정 사례가 현 정권에서도 답습할 수 있다는 점을 성찰하고 미래를 위한 대통령 권력의 자기 개혁에 나섰더라면 좋았을 것을, 문재인 정권은 탄핵을 통해 이미 처벌받은 과거의 정권에 대한 적폐 척결에 매진하는 우를 범하고 말았다. 탄핵과 촛불 정국에서 문 정권은 지리멸렬한 경쟁적 정치세력을 나름 일정한 유권자를 대표하는 정당으로 인정하고 협치를 선택하지 않았다. 대신, 우리는 선한 민주 세력, 저들은 악한 탄핵 세력이라는 선악의 이분법적 사고의 유혹에 빠져 버렸다.

'우리는 선, 그들은 악'이라는 이분법적 사고는 민주주의에서 차이를 인정, 존중하고 타협과 양보, 합의의 상대여야 할 경쟁 세력을 적대시함으로써 당파적 양극화를 악화시켰다. 이와 같은 심각한 분열과 정파적 양극화는 촛불집회와 강성지지층 중심의 팬덤 정치와 결합하여 포퓰리즘의 정치를 불러왔다. 포퓰리즘 정치는 저들은 부패하고 탐욕스러운 소수의 엘리트와 기득권층이고 우리 쪽은 부패한 적폐세력과 맞서는 의로운 사람들로 선량한 다수 '인민 모두'의 이익을 대표한다고 주장한다.(Mudde, 2004; 차태서, 2021) 문재인 정부에서 추진한 검찰개혁 등 '적폐청산'이나 부동산, 교육, 탈원전 등 여러 정책 추진 과정에 이와 같은 선악의 포퓰리즘 정치가 발견된다.(강원택, 2021. 9.)

오만한 도덕주의 정치는 경쟁세력을 악의 세력, 즉 '적폐'로 규정하고 공격하는데 몰두하느라, 우리 세력의 위선에 무감각하여 비판 여론의 역풍을 맞기도 하였다. 조국 사태가 그 예인데, 권력화한 검찰 등 상위 1% 파워 엘리트의 "적폐"만을 문제 삼음으로써 상위 20%에 속하는 이른바 "강남좌파"의 위선과 "내로남불"에 2030세대 등 다수가 냉소를 보내는 사실을 도외시했다.(차태서, 2021)

그 결과, 문 대통령의 지지율은 '적폐 청산' 관련 정책을 쏟아내고, 조국 사태와 추미애 장관의 '검찰개혁' 추진 과정에서 오히려 크게 하락했다.

'우리는 맞고 너희는 틀렸다' 식의 선악 구분 정치는 적대세력의 지지자들의 크기와 지지이유를 축소, 왜곡 해석하여 민심 읽기에 실패하기 쉽다. 2016년 미국 대선에서 민주당 지지자들이 트럼프 지지자들에게 대해 '개탄스러운' 소수의 이상한 사람들로 여기다가 트럼프 지지의 진짜 이유를 파악하지 못해 선거에서 패배했다. 문재인 대정권도 윤석열 후보 지지자들에 대한 오판으로 인해 정권 재창출에 실패했을 가능성이 높다.

선악 구분의 오만한 도덕주의 정치는 검찰개혁과 조국 사태와 같이 손쉽게 선과 악의 대결로 치환될 수 있는 포퓰리즘 이슈만 강조되고, 저출산 인구위기, 불평등 문제, 공교육 붕괴, 기후변화 등 복잡한 사회구조적인 문제는 주요 의제화가 되지 못해, 위험 징후가 임박해서야 대처하게 만든다. 결국 내로남불 정치는 정책의 실패로 귀결될 가능성이 높다.

트럼프를 지지하는 '개탄스러운' 사람들은 왜 그리 많을까?

민주당 지지자들은 윤석열 대통령 지지자들을 이해하기 어려운 이상한 사람, 개탄스러운 사람들이라고 여길 것이다. 2016년 미국 대통령 선거에서 민주당 사람들도 트럼프를 지지하는 사람들을, 힐러리 클린턴의 악명 높은 표현처럼 "개탄스러운 자들 deplorables"이라고 생각했다. 그것은 민주당 지지자들의 오만한 도덕적 우월감을 드러냈고, 그것이 반대편 트럼프 지지자들을 자극했다. 민주당 사람들은 트럼프 지지자들이 트럼프가 인종주의자나 성차별주의라는 이유로 지지한다고 잘못 추정했던 것이다. 민주당 당원들은 인종주의와 성차별주의에만 집중함으로써 트럼프 지지자들이 정말 중요하게 생각하는 이슈를 놓쳐 버렸다. 바로 노동계급 대다수보다 엘리트에게 더 유리한 경제적 권력 구조였다. 즉 트럼프 지지자들의 투표동기는 경제적 계급 때문이지 인종, 성, 젠더, 그 밖의 문화적, 도덕적 사안이 아니었다. 또 백인 기독교 남성들이 트럼프를 지지한 것은 민주당의 이민자 정책 등으로 인해 미국인의 본류라고 생각하는 자신들의 '미국적인 생활양식'이 위협받고 있고 백인의 지위를 잃게 될까 봐 두려웠기 때문이었다. 개인적인 지위나 국가적인 지위에 위협을 느끼고 있을 때 트럼프는 '미국을 다시 위대하게Make America Great Again'을 외치며 오래된 미국적인 위계질서의 재건을 어필했던 것이다. 트럼프 지지자들을 포함한 많은 미국인들이 오히려 좌파를 나머지 사람들을 깔보는, 오만한 '나는 다 알지know-it-all' 족속이라고 여기며 외면했다는 분석이다.(Lynch, 2020, 125-136)

5 대통령 권력의 민주화 개혁 방안

1) 대통령 권력의 규범, 성찰적 이해

"권력은 취약하고 위험한 것이다"

뉴스타트(Neustadt, 1990)의 명저 《대통령 권력》의 핵심 주제는 권력의 취약성이다.

"대통령직의 약점weakness"은 대통령에게 기대되는 것과 기대를 이루어 내는 보증된 역량assured capability간의 커다란 차이가 있다는 데 있다. 기대는 높아지고 업무는 늘어나지만 외국과의 동맹이 느슨해지고 정당이 쇠퇴하면서 어느 방면에서도 지속적인 지원을 받을 가능성은 적어졌다. 대통령 권력, 즉 '대통령의 개인적인 실질적 영향력'은 취약하고 위험한 것이다. 대통령의 권력은 집중 강화되기 어렵고 분산되기 쉽고, 별로 확실하지 않기 때문이다.(Neustadt, 1990, 13)

"의회, 법원, 각주, 언론과 사기업, 외국 정부들은 각자의 힘을 나누어 가지는 별개의 기관들이다. 나누어 갖는 것은 곧 제한하는 것이다. 그것이 문제의 핵심이다. 미국 대통령의 정식 권력은 너무 광범위하게 분배되기 때문에 그 개인의 유효성(실제 권력) 역시 위태롭고 분배에 참여하는 다른 사람들의 동의에 의존하고 있다. 대통령 권력은 다른 주체들과 분점하게 되고, 평판reputation과 신망public standing, prestige이 대통령 개인의 영향력(권력)의 원천이 된다.

이렇듯 대통령은 약점을 갖고 있을 가능성이 높기 때문에 대통령 자신만이 아니라 대통령이 원하는 것을 얻도록 대통령을 돕는 사람들도 대통령과 권위와 '권력'을 분점하는 모든 사람들의 의견을 충분히 존중해야 한다. 대통령은 주도권과 중재, 그리고 어떤 문제에서는 최종적인 판단을 내리는 관례적 원천으로서 체제 내의 다른 사람들에게 봉사한다.

대통령이 권력을 제대로 이해하고 헌법이 제약하는 한도에서 미래 지향적으로 권력을 추구하는 것은 대통령 본인의 만족뿐만 아니라 국가에 이로운 것이다.

측근 비선 정치, 권력의 사유화 경계

"측근과 비선 정치는 반드시 부패하고 비리로 대통령을 망하게 한다. 대통령이 권력을 특정한 개인이나 진영의 이익을 위해서만 활용한다면, 본질상으로 권력의 사유화가 된다(박근혜). 당선과 동시에 '그동안 나를 도왔던 사람'은 다 잊어야 한다. 그리고 임기 내내, 자신은 특정한 계파의 지도자가 아니라 국민의 대통령이라는 사실을 잊지 말아야 한다. '공인'이 되었다는 것은 개인으로서의 자신은 사라지는 것을 의미한다. 개인적인 신념도 잠시 접어둬야 할 경우가 있고, 공동체의 기준과 요구에 맞게 자신을 재정비할 필요도 있다. 개인의 특정한 정치적 이념이나 역사관을 고집하는 일도 삼가야 한다."(김종인, 2020)

2) 대통령 권력의 분산 개혁

'제왕적 대통령', 승자독식 개혁

"일단 당선만 되면 모든 권력을 장악하고 막강한 권력을 행사하는 '제왕적 대통령제'부터 개혁해야 한다. 승자독식의 제도 아래에서는 누가 대통령이 되더라도 권력 공유나 타협의 정치, 혹은 협치를 기대할 수 없다. 무엇보다 대통령에게 집중된 권력을 분산시켜야 한다. 총리와 내각이 정책과 관련해서 실질적 권한과 책임을 갖고 국정을 이끌고, 대통령은 국가 지도자이며 국민 통합의 상징으로서 역할을 할 수 있도록 권력 구조를 개혁할 필요가 있다."(강원택, 2021)

행정-사법-입법 권력분점

"권력분점의 내각제로 개편되지 못하고 대통령의 막강한 권력이 유지되면서 대통령 개인의 독점적 권력욕심이 정치를 망쳤다. 대통령 권력을 분산하고 스스로 권한을 내놓으며, 국민을 통합하기 위해 애써야 한다. 대법원장, 감사원장 등 독립기관의 장, 내각의 임명은 '될 만한 인품과 능력이 충분하다'는 널리 인정되는 인물을 고르고 불개입 독립성과 자율성을 유지하도록 해야 한다. 정치적 보복을 하지 않아야 하고, 측근들을 배제하고 경험과 능력을 우선으로 비서진과 내각을 구성하는 용인술이 있어야 한다(김대중). '관료들이 잘 따라주지 않는다'며 기득권 세력이 개혁에 저항하는 것처럼 말하는 것은 문제를 적절히 해결하지 못하는 대통령의 무능임을 알아야 한다."(김종인, 2020)

협치의 관점에서 국회를 존중하라

"민주화 이후 민주주의의 핵심 문제는 민주 정부를 강하고 능력 있게 만드는 일이다. 이를 위해서는 정치가 민주주의적 정치 과정에서 중심적 역할을 해야 하며, 그 중심적 메커니즘이 정당 정치이므로 정당과 정당 체제를 바로 세우고 튼튼한 사회적 기반을 갖게 만들어야 한다."(최장집·박상훈, 2010, 275)

"정치는 선악의 구분이 선명하게 이루어지지 않는 영역이다. 맥락과 상황에 따라서 어제의 선이 오늘의 악이 될 수도 있다. 심지어 현재 갈등하고 있는 두 입장이 모두 맞을 수도 또는 틀릴 수도 있는 것이 정치의 영역이다. 정치는 선악을 넘어선다. 선악의 프레임을 억지로 정치에 씌울 경우 불필요한 갈등과 대립이 만들어져 문제의 해결을 더욱 어렵게 만들 뿐이다. 민주주의에서 정치는 누가 옳고 그른가가 아니라 대립하는 이해관계를 어떻게 조율하고 절충할 것인가, 즉 어떻게 문제를 해결할 것인가라는 목표에 맞추어져야 한다."(최준영, 2021, 6.)

3) '윤석열 이후' 대통령 개혁을 준비하자!

'After Trump (트럼프 이후)'

밥 바우어와 잭 골드스미스(Bauer&Goldsmith, 2020)의 저서, 《트럼프 이후: 대통령직의 재건》은 트럼프에 의해 파괴 훼손된 대통령직과 미국 민주주의의 복원을 위한 50가지 이상의 방안을 제시한다.

트럼프는 대통령의 권력 행사나 남용에 관한 통상적인 가정들을 모조리 무너뜨는 전례 없는 행동으로 미국민을 경악하게 했다. 종잡을 수 없는 성격, 습관적인 거짓말, 뻔뻔함, 법과 규범에 대한 공공연한 무시, 공무원과 기관에 대한 악의적인 공격, 공과 사의 무분별, 진실에 대한 무관심 등은 대통령 중심제의 미국 민주주의를 위기에 빠뜨렸다.

미국은 1970년대 워터케이트 사건으로 하야한 닉슨 대통령을 경험한 뒤 상원에서 처치위원회Church Committee 보고서를 통해 대통령 권력의 남용을 예방하기 위해 대통령직의 대대적인 개혁을 단행했다. 그러나 너무나 무모한 트럼프 같은 사람이 대통령이 되면 개혁적인 대통령 제도도 구조적인 균열이 일어날 수 있고, 미래의 대통령들이 트럼프와 비슷한 방식, 또는 더욱 교묘하고 효과적인 방식으로 그러한 대통령 제도의 균열과 허점을 악용할 수 있다는 우려가 제기됐다.

민주주의 규범과 제도를 망가뜨린 트럼프 대통령을 경험한 뒤, 바우어와 골드스미스가 《트럼프 이후》에서 제시한 대통령 권력 개혁 방안의 주요 내용은 다음과 같은 것이다.

(1) 대통령과 대통령 가족의 돈과 관련한 이해충돌conflict of interest 방지
- 대통령 및 대통령 후보 세금 공개 의무화
- 대통령이 자신의 수입, 소유, 자산 및 투자 관리를 공개적으로 설명하도록 요구하는 새로운 법 마련

(2) 법 집행의 부패와 정치화 방지

- 법치의 핵심 문제인 백악관과 법무부의 복잡한 관계를 투명하게 정리
- 정치적인 기소politicized prosecution 제한
- 대통령 선거캠프와 본인에 대한 FBI 조사에 관한 적절한 가이드라인 마련
- 대통령 권력 편향의 백악관 법률고문실의 대폭 축소
- 법무부와 검찰의 독립성을 명확히 하는 동시에 독립적인 사실조사자로서 특검에게 특별한 권한과 보호를 부여하는 특검 규정 개정
- 행정부 부패 혐의에 대해 백악관으로부터 법무부의 독립을 보장하기 위해 포드 이후 모든 행정부가 따르는 백악관 접촉 정책 개혁
- 대통령이 특정 방식으로 법 집행을 방해하는 경우 연방 형법을 위반할 수 있다는 설명 추가

(3) 권한이 의회에서 대통령으로 너무 많이 넘어간 문제

- 대통령의 핵무기 사용에 대한 법적 제한
- 내각의 장이 공석일 때 대통령이 관할하는 문제 개선
- 행정부에 대한 의회의 소환권 강화

(4) 대통령 보복으로부터 언론을 보호하기 위한 새로운 보호

- 언론을 위협하고 보복하는데 사법적인 장치를 사용하지 못하게 하는 방안

〈트럼프 이후〉 저자인 밥 바우어는 언론인터뷰에서 의회에서 본인들의 개혁 제안을 대부분 다양한 법안에 포함하고 있다면서, 그러나 바이든 행정부에서 백악관과 법무부 모두 공개적으로 대통령 권력 개혁안을 언급하지 않고 있어 실망스럽다고 말했다.

'윤석열 이후' 대통령 권력 개혁 제안

윤석열 대통령의 집권 이후, 절제되지 못한 대통령 권력은 권력의 사유화와 함께, 자유 민주 공화국의 지속 가능 발전의 토대가 되는 법과 규범, 제도를 훼손함으로써 민주주의를 크게 퇴행시켰다. 물론 민주주의 유지를 위한 제도와 규범의 파괴가 윤 대통령 시기에 처음 시작된 것은 아니다. 그러나 윤 대통령이 대통령 권력을 견제, 감시하는 역할을 하는 독립적인 기관들을 장악하고, 대통령 가족과 비선 세력은 보호하고 비판적인 경쟁 세력들을 억압하는데 대통령 권력을 사용하는 정도와 방식이 미국의 트럼프에 비견될 만큼, 아니 그 이상의 불량한 것이었다.

따라서 미국에서 닉슨 대통령 이후에 〈처치위원회〉, 그리고 트럼프 대통령의 민주주의 파괴행위를 경험한 이후에 대통령 권력 개혁 방안을 검토하듯이, '윤석열 이후' 파괴되고 퇴행한 민주주의를 어떻게 복원할 것인지에 대한 방안을 체계적으로 준비하는 것이 바람직할 것이다.

'윤석열 이후'의 대통령 권력 개혁 과제는 다음과 같은 내용이 포함되어야 할 것이다.

(1) 감사원, 수사기관, 국세청 등 정치적 독립성 개혁

- 대통령 권력이 독립성과 정치적 중립이 생명인 기관들을 대통령 권력이 장악해서 야당과 언론, 노동, 시민단체 등 비판세력을 억압하고 괴롭히는 나쁜 관행을 근절하는 법과 제도, 규범을 마련해야 할 것이다.
- 임기가 끝나지 않은 독립기관의 장을 정권이 바뀌었다고 납득하기 어려운 편법적인 절차로 해임하고 대통령과 코드가 맞는 인사로 대체하는 일은 더 이상 용인되어서는 안 된다. 독립적인 기관장의 임기보장과 기관들의 정치적 중립성 강화를 위한 법과 제도의 개혁이 필요하다.

특히, 감사원은 감사원법에 "감사원은 대통령에 소속하되, 직무에 관해서는 독립의 지위를 가진다"는 명시적 규정이 있음에도 최재해 감사원장이 "감사원은 대통령의 국정운영을 지원하는 기관"이라고 버젓이 말할 정도로 기관의 독립성과 신뢰가 처참하게 무너졌다. '표적감사'와 정권보위 감사, 직권남용 혐의로 공수처의 수사를 받고 있는 유병호 감사원 사무총장의 감사위원 임명은 오만한 권력에 의한 민주주의 규범 파괴가 아닐 수 없다.

감사원의 독립성은 김영삼 대통령에 의해 임명된 이회창 감사원장 시기에 실현된 사례가 있다. 이회창 전 감사원장의 회고록에서 증언한 내용이다. "감사원장은 대통령에 의해 임명되지만 일단 임명된 후에는 직무상 대통령과 독립된 위치에서 감사원을 이끌어가야 하며, 직무에 관해 어떠한 지시, 감독도 받지 않도

록 돼 있다. 즉 직무에 관한 한 대통령의 지시, 감독을 받는 부하가 아니다.", "내가 감사원장에 취임하면서 유독 대통령으로부터의 직무상 독립을 강조하는 등 김 대통령으로서는 마음속이 불편했을 테지만 내게는 내색하지 않았다. (중략) 법에 정한 감사원의 독립성을 내세우는 데 심기가 상해도 그대로 두는 게 상책이라고 판단했을 수 있다. 그래서 나는 소신껏 일할 수 있었다."(이회창, 2017; 이춘재, 2023. 6. 21.) 김영삼 대통령과 이회장 감사원장의 실질적인 독립적 관계가 법과 제도, 규범에서 실현될 수 있는 개혁 방안을 모색해야 한다.

(2) 법무부, 검찰의 정치적 독립성 개혁

검찰총장 출신의 윤석열 대통령과 법무부, 검찰, 경찰로 이어지는 권력의 사슬은 권력의 독점과 횡포, 남용을 부르는 반민주주의적인 것이다. 미국에서 닉슨 대통령 이후 〈처치위원회〉의 핵심적인 개혁은 바로 법무와 검찰, 경찰조직을 대통령의 정치적 통제로부터 독립성을 유지하도록 제도화한 것이다.

전제주의적 행동을 보인 트럼프 대통령은 이런 수사기관의 독립성 규범을 깨고 FBI, CIA, 국가안전보장회의 등 정보기관의 수장을 불러 개인적인 충성을 요구하고, 대선 기간 러시아의 개입에 트럼프의 측근들의 연루 의혹에 대한 수사를 대통령의 압력을 무시하고 러시아 수사를 오히려 확대한 제임스 코미James Comey FBI 국장을 해고했다. FBI 82년 역사상 10년 임기가 끝나기 전에 국장을 해고한 사례는 그전에 명백한 윤리 위반에 의한 해고 말고 처음이다.

그러나 FBI 국장을 측근인사로 채우려고 하거나 러시아 수사 로버트 뮬러 특검을 해고하려는 트럼프의 시도는 제도적 제어와 여당의 반대로 성사되지 않았다. 바로 1970년대 닉슨 대통령의 워터게이트 스캔들 이후 대통령의 정치적 통제로부터 법무부와 검찰, 경찰의 독립성을 유지하도록 제도화했기 때문이다.

바이든 정부 들어서는 바이든 대통령이 국가안보 서류를 자택으로 가져가 보관한 혐의, 그리고 대통령의 아들의 불법행위 혐의에 대한 조사와 수사가 바이든 대통령이 임명한 법무부 장관과 특검에 의해 이뤄지고 있지만 대통령실이 검경의 독립성을 저해하는 일을 못 하고 또 자제하고 있다.

4) 북유럽 '민주주의와 권력 조사' 모델

1972년 노르웨이에서 시작되고 1980년대, 90년대에 스웨덴, 덴마크에 이어 2010년 핀란드에서 마무리된 '권력조사power investigation, maktutredningen' 모델의 도입을 검토할 필요가 있다.

'민주주의와 권력 조사'는 노르딕 사회민주주의의 쇠퇴, 신자유주의적 세계화, 유럽통합 등 새로운 환경에서 공적인 자기성찰과 자기비판을 통해 권력이 투명하고 정당하게 행사되는지, 민주주의가 모든 시민의 권리와 자유, 정치참여를 보장하는지, 권력과 민주주의가 사회공동체와 정치공동체의 지속과 진보를 위해 작동하는지를 조사하기 위해 시행되었다.(김인춘, 2020)

노르딕 민주주의는 시민사회와 소통하고 시민의 참여를 촉진하여, 그 어떤 권위주의나 권위주의적 요소를 최소화하려는 노력과 함께 시민(사회)의 감시와 견제로 '더 개방적이고 반대의견에 관대한 정부'를 지향해 왔다. 오래된 헌법을 유지하면서 민주주의를 발전시켜 온 스칸디나비아 3국은 물론 헌법개혁을 통해 민주주의를 발전시켜 온 핀란드 모두 '법의 지배'에 충실한 민주 헌정주의 체제이다. 중요한 것은 법과 제도적 차원의 민주주의는 물론 도덕적 규범과 성찰, 합의 민주주의와 참여민주주의라는 시민문화와 정치 문화로 개인의 권리와 자유, 사회 · 문화적 평등과 다양성을 달성한다는 점이다.

[표 5] 북유럽 국가들의 '권력조사' 개요

	시기	중요 배경	주요 특징 및 결과
노르웨이	1972-1982	정치위기, 권력집중문제	권력관계 검토 권력의 민주적 행사 민주주의의 민주화
	1997-2003	유럽통합문제, 사회경제적 변화	
스웨덴	1985-1990	권력집중 문제, 스웨덴 모델의 위기	권력과 민주주의의 투명화와 분산, 열린사회, 다원주의, 지방분권화
	1997-2000	신자유주의적 세계화, 유럽통합 문제	
덴마크	1997-2003	개방, 사회경제적 변화	덴마크 유연안정성 모델의 발전
핀란드	2007-2010	세계화, 사회경제적 변화	민주주의강화,개방화

* 출처: 김인춘 (2020), 116쪽.

제8장

민주화 이후 한국언론의 문제

자유는 어떤 물리적 제약에도 억눌리지 않고
공적영역에서 '행위act'하는 상태를 말한다.

한나 아렌트, 〈인간의 조건〉

"저널리스트는 고된 작업이다. 고된 데 비해 대가는 적다. 그래도 평생 직업이 될 수 있다. 이 직업을 다른 목적을 위한 수단으로 격하시키는 일은 없어야 한다. 만약 언론을 그런 도구로 악용한다면 이 직업과 이 직업에 종사하는 스스로가 비참해진다."

〈언론인 박권상〉, 1968년 5월 기자협회보, '10년 전의 나, 10년 후의 나.'

1 권력, 시장, 기술에 포획된 한국언론

한국 언론과 기자들은 ① 권력, ② 시장, ③ 기술에 포획된 상태에서 일과 삶을 영위하고 있다.

1) 정치권력에 포획된 한국언론

대통령 권력과 언론 관계 역사

한국의 대통령 권력과 언론 간의 관계는 초대 이승만 대통령 때부터 사뭇 물리적인 억압과 위협을 동원한 정권의 통제와 지배가 우위를 점하는 것이었고, 이것은 민주화 직전인 전두환 대통령 시기까지 지속되었다. 필자가 관련 연구를 위해 만난 역대 청와대 출입 기자들은 다음과 같이 증언했다.(최영재, 2011)

> "이승만 대통령 때(1948-1960) 언론 통제는 헌병사령관(원용덕), 정보국 CIC(김창룡), 경찰이 했다고 봐야 합니다. 무장군인이 언론사 난입하고 그랬어요."
>
> "박정희 대통령 때(1963-1979)는 문화공보부와 중앙정보부가 언론을 통제하고 기사 부탁하고 그랬습니다. 동아일보와 조선일보가 시시비비를 가리는 기사를 쓰곤 했는데 문제 기사를 쓴 기자를 중앙정보부가 잡아갔어요."
>
> "전두환 대통령 때(1980-1987)는 대언론 접촉이나 기사 관련은 정무 쪽에서 처리했어요. 정무가 제일 막강했어요. 관변 언론사 사장 인사도 정무에서 했어요."

역대 대통령들은 정보 사찰기관이나 청와대의 정무 기능을 통해 언론을 어떤 형태로든 통제하려 시도하였다. 그러나 언론의 권력 감시와 비판 기능을 완전 잠재울 수 있도록 언론과의 실제적인 관계를 완전 장악할 수는 없었다.

이승만 대통령 시기는 임기 후반 정권의 부정부패 사례가 늘어날수록 언론의 비판 강도가 높아갔고, 정권은 경향신문 폐간이나 기자 구금과 같은 물리적인 탄압으로 맞서, 대통령과 언론 관계는 갈등으로 치달았다.

박정희, 전두환 대통령 시기에는 사찰기관을 동원한 강도 높은 언론 통제를 가했기 때문에 많은 언론이 시간이 갈수록 순치되어 갔지만 한편으로는 독재 정권에 대한 자유 언론의 저항의 시기였다고 볼 수 있다.

민주화 이후 노태우, 김영삼 대통령 시기는 과거 청와대의 언론통제의 관습이 어느 정도 남아 있는 가운데, 통제의 고삐가 한층 느슨해지는 틈을 타, 언론이 정치적인 힘을 키우는 시기라고 할 수 있다. 언론이 정치권력의 공백을 틈타 스스로 정치 권력화했다고 보는 시각도 있다.(이수훈·여현던, 1993, 양승목, 1995, 윤영철, 2001)

진보적 성격의 김대중 대통령과 노무현 대통령, 그리고 문재인 대통령 시기는 보수 언론과 진보 언론에 따라 진보 정권과의 관계가 첨예하게 엇갈리고 대통령과 보수 신문 간의 갈등이 첨예화했다. 청와대 출입 기자도 소속사와 청와대의 관계에 영향을 받을 수밖에 없었다.[19]

보수 정권 시기인 이명박 대통령과 박근혜 대통령, 그리고 윤석열 대통령 시기는 반대로 보수 신문들은 상당한 자유를 누린 반면 정권에 비판적이었던 진보 언론들은 정부 지원 축소 등 불이익을 당했고, 공영방송은 지배권력에 장악당하고 저항 과정에서 충돌과 희생도 낳았다.

분열 정치–분열 언론–분열 공중 악순환 모델

한국 언론은 민주화 이전에는 전반적으로 폭압적인 지배권력에 예속 또는 권언유착의 구조에 갇혀 있었다.

민주화 이후 한국 언론은, 특히 김대중 · 노무현 진보 정권 출현 이후 민주주의적인 정권교체의 실패에 따라 형성된 분열과 혐오의 정치 구조에 갇히게 되었다. 시장지배적 보수 신문과 이와 대항하는 진보 신문은 노골적으로 특정 정파의 편을 들어 버리는 편가르기 식 일차원적 당파화 과정을 겪으면서 정파적, 이념적 갈등과 균열의 장場에 편입되었다. '진영 언론'이 된 것이다. 분열된 정파적 언론은 분열된 시민 공중을 만들고, 또 분열된 정치와

19 김대중, 노무현 대통령 시기 청와대 출입 기자는 다음과 같이 당시 언론과 대통령 관계를 증언했다(최영재, 2011). "김대중 대통령 시기, 조·중·동 기자들은 김대중의 가치를 인정했고, 청와대와 갈등은 없었어요. 다만 회사와 청와대의 이해관계가 달랐을 뿐이지요. 그래서 청와대에서 취재한 것과 실제로 지면에 나온 대통령기사가 정반대의 방향으로 나오기도 했어요."
"노무현 대통령은 조·중·동 기자와 원만하지 못했어요. 개인적인 것이 아니라 대통령이 기자에게 사석에서 회사 논조에 대해 항의도 했어요. 노 대통령은 진보성향의 기자와 우호적인 관계를 가지고 중소 언론사에게 정보를 줘 특종을 하게 만들고 그랬지만 집권 후반기에는 모든 언론과 적대시했어요."

도 갈등하는 분열의 악순환의 함정에 빠져들게 됐다.[20]

진영 언론의 정파적 편향 보도는 서로 다른 정파적 위치에 있는 언론과 공중, 정치권력의 반목 관계를 가속화한다. 반대로 동일한 정파적 위치에 있는 언론, 공중, 정치권력의 관계를 더욱 유착시킴으로써 결국은 전체 사회의 정파적 분열을 일으킨다. [그림 2].

정파적 편향 언론의 정치권력과의 반목 관계는 대통령에 대한 언론의 공격 보도의 사례에서 발견할 수 있다. 대통령 공격 보도는 대통령과 언론 간의 갈등 또는 적대 관계를 반영할 뿐만 아니라 공격 보도로 인해 대통령과 언론은 더욱 적대 관계를 공고히하기도 한다. 언론의 적대적 보도에 대해 대통령은 공개적인 발언이나 언론 정책을 통해 언론을 역으로 공격하면서 언론의 신뢰도에 흠집을 내기도 하고, 그럴수록 언론은 대통령에 더욱 적대적으로 대하는 적대 관계의 악순환에 빠진다.

언론의 정파적 편향성은 서로 다른 정파적 속성을 가진 언론 간의 불신과 적대 관계를 더욱 고착화시킨다. 또한 서로 다른 정파적 언론의 편향 보도를 소비하는 시민 집단도 저마다의 정파성을 강화하는 한편, 상대편에 대한 적대와 불신의 벽은 높아만 간다.

결국 편향된 언론은 1) 편향 언론 간의 불신 2) 편향 언론과 편향 시민간의 교차적 불신 3) 편향 시민 간 불신의 과정을 거치면서 사회 분열을 조장하는 문제를 발생시킨다. 이처럼 정치권력과

20 분열 정치-분열 언론-분열 언론의 악순환 이론에 대해서는 최영재(2011b) 참조.

언론, 시민의 편향적 정파의 늪에 빠져 있는 경우, 서로 다른 정파 간의 불신과 반목의 골은 점점 깊어지고, 갈등은 악화하는 사회 분열의 악순환에 빠져든다. 이때 소통의 장은 마련되기 어렵고, 통합의 리더십을 발휘하기가 극도로 어려워지는 소통과 리더십의 위기에 봉착하게 된다.

한편, 공영방송은 정치권력의 계속된 지배 욕망에 갇혀 정권교체기마다 엄청난 정치적 파열과 보도국 분열을 겪어야 했다.

[그림 2] 언론의 편향보도의 분열 확대재생산 모델

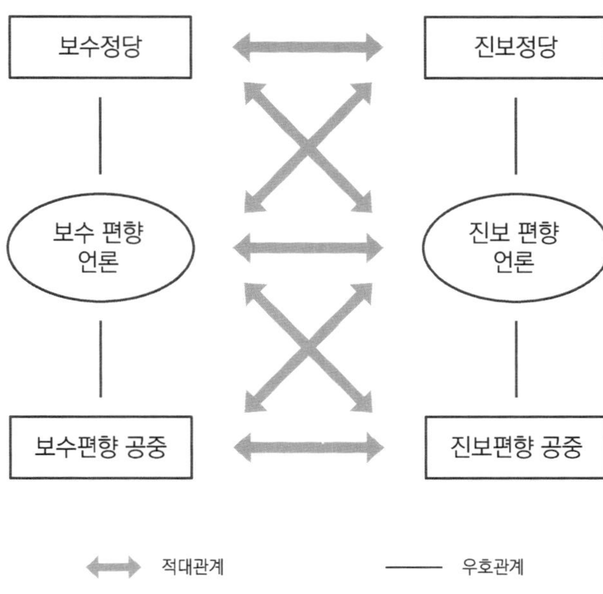

출처: 최영재(2011b)

2) 시장에 포획된 한국언론

한국 언론은 신문산업의 쇠퇴, 방송산업의 구조 변화, 뉴미디어산업의 성장 등 언론산업의 구조적 재편 과정에서 '일단 살아 남아야 한다'는 언론산업 생존의 문제라는 미명 아래 시장포획과 무질서를 당연하거나 어쩔 수 없는 것으로 여기면서 저널리즘 생산의 상업화는 관심과 논쟁의 대상이 되지 않는다.(강명구, 2005)

한국에서 언론의 산업적 위기는 서양 언론의 산업적 위기와 사뭇 성격이 다르다. 한국 언론의 산업적 위기는 매체산업의 부침보다는 근본적으로 언론시장의 왜곡과 파행성에서 기인하며, 때문에 위기 문제 해결을 어렵게 한다.

언론 기업들은 수용자 이탈과 광고 침체로 인한 어려움을 타개하기 위해 자본집단에 흡수 통합되고 광고주에 예속되며, 국가권력과 유착함으로써 언론의 독립성 상실, 기사 품질의 추락, 공론장 기능 부실의 저널리즘 위기를 자초했다.(김승수, 2010) 경제불황과 뉴미디어의 발달로 경영난에 빠진 언론사들은 탈법과 음성적 거래의 파행적 언론시장에 기생하면서, 권력의 눈치를 보면서 할 말을 못 하는 군소 신문사 또는 인터넷매체가 난립하고 있다.

결론적으로, 양질의 뉴스콘텐츠를 정상적인 시장에서 제값을 받고 유통해서 그것의 수익으로 다시 인력과 시설 및 장비에 투자하여 뉴스콘텐츠의 부가가치를 높이는 선순환의 경영모델을 구현하는, 그야말로 '시장의 포획으로부터 자유로운' 언론사[21]가 한국에는 아직 나타나지 못했다.

3) 포털플랫폼에 포획된 한국언론

포털과 소셜미디어 환경에서 나타나는 한국 언론의 부정적인 면모는 ① 편파와 분열, 혐오의 언어로 가득찬 정치뉴스를 양산하고 있고, ② 어뷰징기사와 같은 표절과 저질의 뉴스 상품으로 시장교란 행위를 일삼으면서 당연한 듯 수치심도 모르는 윤리적 마비상태에 있으며, ③ 언론조직과 기자들은 '기레기'로 호명 당하면서도 항변하지 못하고 있고, ④ 뉴스 콘텐츠들이 허접한 뉴스 상품들로 변형되어 유통되고 있다는 것이다.(최영재, 2022)

포털플랫폼에 종속화한 한국 언론은 뉴스의 품질 저하 → 언론의 신뢰 하락 → 언론이용자의 이탈이라는 위기의 악순환의 고리에 빠져들었다.[22]

---

21 사적 소유의 미국의 뉴욕타임스 신문사와 영국의 공영방송인 BBC 사례가 시장으로 자유로운 언론사 모델이 될 수 있을 것이다. 한국에서 공영방송과 뉴스타파 등 독립언론 정도가 시장의 포획으로부터 자유롭다고 할 수 있다. 조선, 중앙, 동아 등 시장지배적 신문들 조차 정상적인 구독과 광고 시장에 비해 불투명한 기업 '협찬' 수입에 의존하는 경향이 있다. 이들 신문사의 한 임원은 "기업들이 광고효과를 보고 신문사에 광고나 협찬을 준다고 생각하는 사람은 없다"고 말했다.

22 영국 옥스퍼드대 부설 로이터저널리즘연구소(연구소)의 '디지털 뉴스 리포트 2024'에 따르면, 한국 언론의 신뢰도는 31%, 조사대상 47개국중 38위였다. 2016년 22%, 2023년 28% 보다 상승한 것이지만 신뢰도 1위의 핀란드 69% 보다의 절반도 되지 못했다. 뉴스회피 현상을 나타내는 '뉴스에 매우 관심 있다'는 뉴스 관심도 비율은 한국이 2024년 39%로 핀란드 65%, 독일 55%, 스페인 52% 보다 낮았다(최승영, 2024. 6. 19.).

한국 언론의 이러한 심각한 저품질, 저신뢰의 문제는 누적적, 복합적 위기요인을 가지고 있던 한국 언론이 포털에 포획되면서 가속화하고 고착화한 측면이 있다. 포털뉴스 생태계에서 한국 언론이 포털플랫폼에 의해 '인프라 포획Infrastructure Capture'[23]된 결과, 다음과 같은 문제적 현상이 발생했다.

(1) 언론의 뉴스 통제권 양도

국내 언론사들은 '뉴스 디지털화'과정에서 자체 뉴스플랫폼 개발 등을 시도하는 진정한 디지털 혁신 기회와 역량, 동력을 상실하고, 동시에 뉴스유통시장의 통제권뿐만 아니라 전통 언론이 유지해 왔던 뉴스 가치의 결정권도 포털플랫폼과 포털뉴스를 이용하는 변덕스러운 군중에게 사실상 양도하게 되었다.

(2) 기자들의 뉴스 가치 결정권 상실

기자들은 자기가 쓴 기사들을 포털유통시장에 넘긴다고 생각할지 모르지만, 큰 틀의 뉴스생태계 차원에서 보면, 기자들은 뉴스포털을 위해, 뉴스포털(의 상품시장논리)에 의해 기사를 생산

23 '인프라 포획'은 에프라 네슈쉬타이(Efrat Nechushtai, 2018)가 감시, 감독 기관이 피감 조직이 제공하는 인프라와 물리적 소스 없이는 감독을 지속할 수 없는 상황을 개념화한 것이다. 가령, 미국 증권거래위원회가 골드만 삭스가 제공하는 인프라와 리소스 없이는 감독을 지속할 수 없는 상황으로, 이는 감독을 받는 은행이 증권거래위원회 사무실의 열쇠를 쥐고 있는 것으로 비유할 수 있다. 네슈쉬타이는 구글과 페이스북 등 플랫폼 기업들이 뉴스 조직들에 대해 우위의 협상력을 가지고 지배적인 영향력을 행사하는 현상을 '인프라 포획' 상황으로 설명한다.

하는 뉴스포털의 종사자라고 할 수 있다. 기자들은 포털에서 잘 팔릴 수 있는 기사를 지속적으로 빠르게 생산하지만 포털로 송출한 이후 어떠한 기사가 독자들에게 노출될지, 많이 읽힐지, 혹은 댓글이 많이 달릴지 예측할 수 없고, 기사에 대한 통제 권한이 없다.

(3) '저널리즘 게토화'

포털플랫폼은 언론 공간이 아니라 뉴스 상품시장으로 전락한 지 오래다. 포털플랫폼에는 보다 많은 클릭 수를 노리고 남의 기사를 표절하고 짜깁기한 이른바 '어뷰징 기사'가 난무하고 있다. 유튜브와 같은 소셜미디어 공간에서는 정파적 편향 심리에 소구하는 고의로 사실을 과장, 왜곡 날조한 허위 정보가 사실 보도, 진실 정보 보다도 훨씬 빠른 속도로 퍼져 나가고 있다.

(4) 이용자들의 분열적 확증편향 집단화

포털과 소셜미디어의 개인맞춤형 추천 알고리즘은 뉴스 이용자 개인들이 뉴스 공론장에서 퇴각하여, 저마다의 '트루먼쇼'가 상영되는 편향의 공간에 갇혀 있게 만든다. 소셜미디어 공간에서는 확증편향이 가속화하고, 그 결과 오만과 독단적인 의견과 주장, 믿음으로 무장한 극단적인 집단 간의 분열과 갈등, 적대 현상이 악화한다.(최영재, 2022)

2000년대 이후 온라인 기술환경에서 한국 언론의 위기는 '뉴스 콘텐츠의 디지털화'실패와 언론사들의 자발적인'포털플랫폼 포획'이 상호 악순환적으로 작용한 결과라고 할 수 있다. 2000년초반 인터넷 보급과 뉴스의 디지털화로 인한 신문구독률 하락과, 온라인 매체의 등장에 따른 과열 경쟁, 광고 수입의 하락 등 어려운 상황에 처한 신문사들은 온라인 유료화 모델, 통합 뉴스룸 등 나름 디지털 전환을 시도하였으나 뉴욕타임스와 같은 성공 사례를 내지 못했다.[24] 디지털 혁신을 제대로 시도하지도 못한 언론사들은 대신 포털뉴스 유통시장의 유혹의 손길에 응답하여 자사 뉴스콘텐츠를 포털플랫폼에 맞게 상품화하여 유통함으로써 부대수익을 올리는 '뉴스의 플랫폼화'(van Dijck et al., 2018)[25]의 함정에 빠져들었다. 일단 '포털플랫폼 포획'에 빠져든 언론조직은 뉴욕타임스와 같은 독립적 유료 유통플랫폼을 구축하는 등의 성공적인 디지털 전환을 시도할 강한 동기를 갖지 못한다.

24 중앙일보 등에서 편집국 디지털 혁신을 단행한 사례가 나왔으나, 뉴욕타임스와 같은 양질의 저널리즘 콘텐츠의 유료화 모델의 성공사례가 나오지 않고 있다. 중앙일보는 포털에 의존한 뉴스 상품 시장과 종이신문의 진지한 뉴스시장을 구분하는 이중시장 전략을 구사하는 것으로 보인다. 한국 언론의 디지털혁신 노력의 실패 원인은 정상적인 시장 기능이 작동하지 않는 언론 시장구조와 포털플랫폼에 의한 한국 언론의 포획 구조에서 찾을 수 있을 것이다.

25 '뉴스 플랫폼화'란 포털플랫폼이 원래 언론사들이 가지고 있는 뉴스에 대한 편집권과 게이트키핑 권한을 행사하여 마치 해당 뉴스가 언론사가 아니라 플랫폼이 발행하는 것처럼 여겨지게 하는 현상을 말한다.

2 민주주의를 위한 언론의 규범적 역할

1) 민주주의와 언론에 대한 현실적 낙관주의

민주주의를 비관적으로 생각하면 한도 끝도 없이 문제점을 드러낼 수 있다. 민주주의는 문제투성이다. 그러나 대통령에 반대할 수 있고, 선거로 정부를 바꿀 수 있고, 언론 자유가 헌법에 보장되어 있는 민주주의 체제에서 사는 사람들은 다른 어떤 체제와 비교해서도 경험적으로 민주주의가 좋다는 것을 안다. 이것은 정통한 민주주의 이론가 로버트 달(Robert Dahl, 1989, 421-424)이 한 얘기이다.[26]

민주주의 사회에서 언론의 역할과 언론의 행태를 비판하는 사람들이 적지 않다. 한국에서는 말할 것도 없고 미국에서도 언론이 과거의 황금기를 잃어버렸다고 한탄하는 사람들이 많다. 그러나 로버트 달과 같이 현실적 민주주의 입장을 견지하고 있는 미국 언론학자 마이클 셧슨Schudson은 미국 언론이 쇠퇴하고 있다는 주장에 반박하며, 오히려 여러 면에서 현저히 개선되었다고 주장한다. 언론이 정치인과 언론 소유주로부터의 독립성이 더욱 강화되었고, 조사 기능이 더 적극적으로 발전했으며, 성별, 인

26 달(Dahl, 1989, 419-424)은 정부의 최고 관리들에게 반대하고 이들을 선거로 바꿀 수 있는 근대 대의 민주주의는 1) 선출된 공직자, 2)자유롭고 공정한 선거, 3) 광범위한 선거권, 4)공직 출마권, 5) 표현의 자유, 6) 다른 정보원, 7) 결사의 자유 등 7가지 요소를 갖추고 있는 제도로 "역사적이든 현실적이든 다른 제도들과 비교할 때 인간이 고안해낸 것 가운데 가장 비범한 것 중의 하나"라고 평가했다.

종, 성적 지향과 같은 문제들을 다루는 데 있어 더 포용적인 접근을 하게 됐다는 것이다(Schudson, 2008). 셧슨은 또한 미국에서 시민권의 형태와 규범이 역사적으로 긍정적으로 발전해 왔으며, 국민의 알권리의 신장으로 정보의 투명성이 강화되어 '감시 민주주의 monitory democracy'가 확산, 발전하고 있다는 낙관적인 견해를 피력한다.

셧슨은 언론이 민주주의에 얼마나 기여하고 있는지를 평가할 수 있는 다음과 같은 7가지 기준을 제시하며, 미국 언론이 여러 가지 한계와 제약 조건 속에서도 언론의 규범적 역할을 과거에 비해 더욱 발전적으로 수행하고 있다고 평가한다.

(1) 국내외 정치권력 기구와 영향력 있는 사람들의 활동과 동향에 대한 정보 제공
(2) 탐사, 권력 감시 역할
(3) 분석 제공
(4) 사회적 공감 형성 역할
(5) 토론 공론장 제공
(6) 다양한 정책과 관점의 옹호 역할
(7) 민주주의를 지지하는 주장

2) '민주주의를 위해 언론이 가장 잘할 수 있는 일' 정보 제공

셧슨의 언론의 7가지 민주주의 규범 역할론에 대해, 라스무스 닐슨(Rasmus K. Nielsen, 2017)은 '민주주의를 위해 저널리즘이 할 수

있는 한가지The one thing journalism just might do for democray' 연구에서 민주주의적 현실주의에 입각해서 언론의 역할은 언론이 가장 잘할 수 있는 '정보제공'만 잘해도 충분하다고 주장한다. 즉 셧슨이 제시한 언론의 규범 역할들 중 대부분은 다른 기관들이 더 잘 수행할 수 있는 것들일 수 있고, 정보 제공만 언론이 고유하게 가장 잘 수행할 수 있는 기능이라는 것이다. 예를 들어, 수사 기능은 사법 체계나 NGO들이, 분석 기능은 대학이나 싱크탱크들이, 사회적 공감대 형성은 시민 단체들이, 토론의 장 제공은 디지털 미디어나 전통적인 토론장들이 더 잘 수행할 수 있다. 그러나 공공 사안에 대해 비교적 정확하고 시기적절하게 정보를 제공하는 역할은 언론만이 고유하게 담당할 수 있는 기능이라는 것이다.

[표 6] 민주주의를 위한 언론의 역할 7가지 vs 그 역할을 잘할 수 있는 주체

Schudson의 언론의 7가지 역할	그 역할을 잘할 수 있는 기관, 단체
정보 제공	언론 고유의 역할
탐사, 권력 감시 역할	사법 체계, 감독 기관, NGO
분석 제공	대학, 싱크탱크, 공공 지식인
사회적 공감 형성	시민 단체들, 커뮤니티 단체, 권리 행동가
토론 공론장	전통적 토론장, 디지털 미디어
다양한 정책과 관점 옹호	사회운동, 이익단체, 정당
민주주의 지지	

* 출처: Neilsen (2017).

따라서, 언론이 민주주의에 기여할 수 있는 가장 중요한 역할로 정보 제공을 강조한다. 이것은 언론이 민주주의를 위해 수행할 수 있는 가장 독특하고 중요한 역할로, 언론이 실패할 경우 민주주의도 실패할 가능성이 크다는 점을 시사한다. 닐슨은 민주주의를 위해 언론이 정확하고 접근 가능하고, 다양하고 관련성이 있으며, 시의성 있는 정보 제공 역할을 해야 하는 것으로 언론의 민주적 규범론을 정리했다. 민주주의를 위한 언론의 바람직한 정보 제공의 구체적인 내용은 다음과 같다.(Neilsen, 2017, Lin & Lewis, 2022)[27]

(1) 뉴스의 정확성accuracy은 사실과 진실 보도의 사명을 가지는 저널리즘의 근본적인 원칙으로서 가짜뉴스fake news와 쓰레기 정보junk information를 식별해 내고 투명하고 신뢰할 만한 취재원의 발언 내용을 정확히 보도하는 것이다.

(2) 뉴스의 접근가능성accessibility은 이용자가 쉽게 읽고 이해할 수 있는 뉴스를 만드는 것으로, 독자들에 의해 쉽게 읽힐 수 있는 단어나 어휘의 사용, 이용자가 편리하게 접근하고 기자와 상호작용을 할 수 있는 인터페이스의 개발 적용하는 것이다.

---

27 Lin & Lewis (2022)는 Neilsen (2017)의 '민주주의를 위해 언론이 할 수 있는 한가지'의 논문을 토대로 수행한 'AI 저널리즘 (Journalistic AI)가 민주주의를 위해 할 수 있는 한가지' 연구에서 AI 활용한 뉴스의 정확성 등을 제고하는 방안을 제시했다. 여기에서는 Lin & Lewis(2022)의 연구 내용을 주로 참고하여 정리했다.

(3) 뉴스의 다양성diversity은 뉴스 소스의 다양성과 뉴스콘텐츠 다양성, 뉴스 노출의 다양성 등을 의미하는 것으로, 취재 과정에서 소수의견을 포함한 다양한 취재원으로부터 다양한 관점을 수집하고, 뉴스 텍스트뿐만 아니라, 영상, 그래픽, 대화형 포맷 등 다양한 형태의 뉴스로 확장하고, 하나의 언어로 작성된 기사를 다양한 외국어로 유통하는 것을 말한다.

(4) 뉴스의 관련성relevance은 독자가 원하는 뉴스, 필요로 하는 뉴스에 관한 것으로, 독자들이 이해할 만하고, 읽기 쉽고, 중요하게 여기고, 배울 점이 있는 뉴스를 읽게 함으로써 민주주의와 공동체 중심의 가치를 증진하는 데 도움을 준다. 독자들이 원하는 뉴스, 단순히 소비하는consume 뉴스가 아니라 경험experience해 보고 싶은 뉴스가 무엇인지 식별해 내고, 그리고 최근 뉴스회피news avoidance 경향의 원인이 무엇인지를 파악하고, 문제해결을 시도하는 것을 말한다.

(5) 뉴스의 시의성timeliness은 새로운 소식의 신속한 전달이라는 뉴스본령에 해당하는 것으로 신속한 재난 보도 시스템 구축, 신속하면서도 정확한 보도 체계의 실현, 또한 과도한 즉시성immediacy이 이슈에 대한 숙의를 방해하는 문제로 인해 대안적인 슬로우 저널리즘slow journalism이 등장하고 있는 만큼, 신속하게 보도되어야 할 사안과 숙의 과정이 필요한 뉴스에 대한 구별하는 방안을 마련, 실천하는 것을 말한다.

닐슨의 민주주의 언론 규범 모델의 미덕은 첫째, 언론이 저널리즘 영역jurisdiction에서 언론이 잘할 수 있는 일에 집중할 수 있고 둘째, 권력 감시, 정책과 관점 옹호, 민주주의 지지 등의 역할은 더 잘할 수 있는 조직과 집단과 함께 언론이 협업하면서 수행할 수 있으며, 셋째, 그럼으로써 언론과 정치, 정부, 시민 세력, 대학, 종교 등 민주 사회 내 다양한 집단이 서로 독립적인 '장場'에서 고유의 가치관과 전문성을 가지고 작동 운영할 수 있다는 것이다.[28]

3 사실 보도의 힘

1) 부패 독재 권력 무너뜨린 사실 보도

해방 이후 역사를 돌이켜 보면, 부패 독재 권력을 무너뜨리고 민주화를 이루는 과정에서 언론이 기여하는 바가 있었다면, 그것은 민주적인 세력과의 연대, 열정 넘치는 강한 주장의 글이 아니라 바로 증거 기반의 사실 보도에 있었다.

28 한국 사회에서 언론이 독립적인 영역(jurisdiction), '장(場)'을 구축, 유지하지 못함으로써 언론의 권력화, 언론인의 변절 현상 등이 나타나는 것을 염두에 둔 것이다. "프랑스 사회학자 피에르 부르디외는 민주화된 사회에는 서로 독립적으로 작동하는 정치, 종교, 언론 등의 '장'(場)이 존재한다고 보았다. 가령 언론의 '장'에서 성공이란 직업 가치에 비추어 뛰어난 업적 성취를 뜻하는데, 이 업적은 정치나 경제의 '장'처럼 감투나 돈을 기준으로 삼지 않는다."(임영호, 2024. 8. 11.).

언론은 오히려 지배권력의 통제에 순치되거나 권언유착의 모습을 보이거나 때로는 대중을 선동하는 포퓰리즘이나 선정적인 상업주의에 빠져들었다는 비판을 받아 왔다. 권력과 자본의 통제와 유혹의 손길에서 언론을 구원한 것은 의식 있는 기자들의 용기 있는 사실 보도였다.

1960년 마산 김주열 학생의 주검 사진에 관한 사실 보도가 3.15 부정선거 등으로 점철된 이승만 독재 정권을 붕괴시킨 계기를 마련했다.

박정희의 유신정권과 신군부 전두환 권위주의 정권을 무너뜨리고 민주화를 촉발한 언론사적 계기는 1987년 중앙일보와 동아일보의 서울대 박종철 군 고문치사 사건 특종 보도였다. 2017년 JTBC의 '최순실 태블릿PC' 특종 보도는 촛불집회와 함께 헌정사상 최초로 대통령 탄핵을 이끌어 내는 단초가 되었다.

언론 보도에서 세상의 실제 모습을 드러내는 사실fact보도의 힘보다 더 강한 것은 없다. 사실 보도는 어떤 사실적 주장이 실제 모습과 같다고 증명해 주는 보도다. 가령 '박종철이 죽었다'는 사실적 주장이 근거와 증거를 통해 실제 진실임을 드러내는 사실 보도가 되었을 때, '사실 보도는 세상을 바꿔 놓았다.'

2) 사실 보도가 언론을 자유롭게 한다

결국 사실 보도가 언론을 자유롭게 한다. 있는 그대로 보도하는 것은 중계 보도이지 사실 보도가 아니다. 사실 보도는 가령, 뇌물 사건, 검찰의 발표, 대통령의 비속어 발언 등 사실적 주장이 그것이 실제로 그러한지, 증거와 근거를 제시하며 진실 증명을

하는 지난한 노력이라고 할 수 있다.[29]

언론은 사실 보도의 힘으로 지배권력의 통제와 탄압에 맞설 수 있다. 사실 보도는 언론인이 권력과 자본의 유혹에 넘어가 변절자가 되지 않고 자유의 삶을 살게 하는 정신적인 방패막이 된다.

언론의 사실 보도를 규제하고 억압하려는 정치권력에 대해 사법부도 헌법 제21조 제1호 언론의 자유에 대한 제한 범위를 벗어나 위헌적 소지가 있다며 언론의 사실 보도의 자유의 편을 들어주고 있다. 2008년 이후 공정성과 관련된 방송심의 소송 가운데 대법원판결까지 완료된 판결문 7건과 헌법재판소 판결 1건 등 모두 8건의 판결문을 분석한 결과, 법원은 공정심 심의와 관련한 방심위의 방송 내용 심의와 그에 따른 제재를 언론자유 침해 제한 범위를 벗어난다는 이유로 모두 기각했다.(최영재, 2024) 법원은 심의 대상 방송 내용이 모두 공익적 방송 내용으로 헌법상의 언론 자유 보호 영역에 있음을 명시했다. 법원은 방송의 공정성을 위하여 정부비판 보도에 대한 방심위의 심의와 제재는 신중할 필요가 있으며 방송의 자유를 위해 국가권력과 사회세력으로부터 방송의 독립이 보장될 필요가 있다고 강조했다.[30]

---

29 "사실(fact)이란 무엇인가? 간단히 답하자면 세상의 실제 모습이다. 철학적으로 답하자면, 사실은 사실적 주장을 진실로 만들어주는 것, 다시 말해 진실 제조기(truth makers)다. 세상의 실제 모습이 어떤지, 어떤 사실이 존재하는지에 따라 진실일 수도 거짓일 수도 있다. 실제로 사실이 있음을 증명할 때 사실적 주장은 진실이다." (Wikforss, 2020, 20).

30 방송심의를 통한 제재조치는 언론·표현의 자유에 속하는 방송의 자유를 과도하게 제한할 우려가 있고, 허위사실이나 진실을 오인케 하는 등의 특별한 사정이 없는 한 권한 행사에 극히 신중해야한다.[서울행정법원 2015. 5. 22. 선고 2014구합55147 판결, 대법원 원고 승소 판결 (KBS 추적 60분, 서울시 공무원 간첩 사건)].

● ● ●

사실 보도의 힘 **트럼프 대통령의 생방송 회견 중단한 미국 방송사**

미국 대통령 선거가 끝나고 개표가 진행되고 있던 2020년 11월 5일 오후 6시 45분(현지 시각), 트럼프 대통령은 백악관에서 선거와 개표에 관한 기자회견을 시작했고 미국 주요 방송이 생방송을 시작했다. 그런데 방송사들이 대통령 기자회견 생중계를 중간에 중단해 버리는 초유의 사태가 벌어졌다. 이유는 "합법적 투표만 포함하면 내가 쉽게 이긴다", "불법적 투표까지 포함하면 그들은 선거를 우리로부터 훔칠 수 있을 것" 등의 트럼프 대통령의 발언이 "허위 비방이자 근거 없는 주장"이라는 것이다.

NBC 앵커는 화면을 끊기 전 "트럼프 대통령이 너무 많은 허위 주장을 펼치고 있어 여기서 끊을 수밖에 없다"고 말했다. 현장에 있던 백악관 출입 기자는 "트럼프 대통령은 민주당이 선거를 훔치려고 한다거나 우편투표 개표가 불법이라는 주장을 뒷받침할 어떤 증거도 제시하지 않았다"고 했다.

ABC와 CBS 방송도 "트럼프 대통령이 너무 많은 허위 비방과 근거 없는 주장을 펼치고 있다"면서 생중계를 끊고, 팩트 체크를 진행했다. CNN과 폭스뉴스, PBS는 회견을 끝까지 중계했다. 하지만 생중계 중에 "트럼프 대통령이 선거에 관해 허위 주장을 펼치고 있다"는 내용의 자막을 달거나, 방송 직후에 앵커들이 트럼프 주장이 근거없는 주장일 뿐이라고 팩트체크 결과를 제시했다.(Grynbaum & Hsu, 2020. 11. 5.)

4 대통령 권력 감시하는 '용감한 기자'

1) '제왕적 대통령 보도'의 문제

대통령실 출입 기자들의 역대 대통령 보도는 한마디로 자유로울 때가 없었다. 대통령에 대한 언론 보도는 대체로 '대통령 말씀'을 받아쓰고 말씀의 의미를 해석하는 정도의 '제왕적 대통령 보도' 수준을 벗어나지 못했다.

청와대 출입 기자들은 대통령의 언론 통제 정책의 영향하에 있었고, 청와대와의 관계에 있어서 소속사의 이해관계를 고려해야 했다. 대통령을 비판하고자 할 때는, 야당이나 검찰, 시민단체 등을 취재원으로 한 우회적인 방법을 선택해야 했다.

이승만 대통령 시기, 언론 관리 체계가 치밀하게 작동하지 않아 상대적으로 언론의 자율성이 발휘될 여지가 많았지만, 초기 정부의 열악한 행정 체계만큼이나 언론도 전문성이 부족하여 건국 대통령을 제대로 취재하고 건설적인 비판을 할 수 없었을 것이다. 극도의 언론 통제 체계를 갖추고 있던 박정희, 전두환 대통령 시기에 청와대 출입 기자들은 기껏해야 소극적인 저항을 하는 정도에 머물러야 했다.

대통령과 보수 언론이 긴장, 갈등 관계로 빠져들었던 김대중, 노무현 대통령 시기에는 일부 언론은 자율성을 넘어서서 '걸리기만 해봐라' 식의 가차 저널리즘Gatcha Journalism, 공격 저널리즘Attack Journalism 양상을 보였다. 이때 청와대 출입 기자들은 언

론과 대통령의 싸움을 불구경하듯이 구경하는 신세가 되기도 했다.(최영재, 2011)

윤석열 대통령 시기, 일부 기자들이 불이익을 감수하고 대통령의 돌출된 행동과 비속어 발언 등을 보도하긴 하지만, 대체로 '기자들의 권력에 순응하는' 태도의 보도를 하고 있다는 비판을 듣는다.[31]

2) 용기 있는 행동이 '표현의 자유의 역사'가 됐다

로버트 하그리브스(Robert Hargreaves, 2002)의 《표현 자유의 역사》는 자유롭게 말할 수 있는 자유, 어떤 제약과 구속도 없이 나를 표현할 수 있는 자유, 이러한 언론의 자유는 많은 사상가들의 이론적 연구뿐만 아니라, 자신이 속한 시대의 조류에 맞섰던 용기 있는 사람들, 인기 없는 의견을 피력하거나 불편한 사실을 들춰냈던 사람들에 의해 획기적인 발전이 이루어졌다는 사실을 보여준

31 윤 대통령의 비속어를 보도한 MBC 이기주 기자는 한국기자협회 주최, 〈윤석열 정부와 언론, 그 1년을 평가한다〉 토론회(2023. 5. 4., 프레스센터)에서 대통령실 출입 기자들이 '정권의 하수인'이라는 비판을 자초하는 일이 자주 발생해서 문제라고 지적했다. "지난해 8월 윤 대통령 출근길 문답에서 '대통령님 파이팅'을 외쳤던 기자, 같은 해 권성동 전 원내대표와 기자단의 술자리에서 박수치며 노래를 요구한 기자 등 권력이 언론에 '국익을 해치지 말라'라고 하고, 기자들은 순응해 가는데 안타깝다. (대통령 전용기에서) 대통령의 부름을 받지 못한 것을 아쉬워하는 기자들이 나오는 시대가 됐다", "워싱턴 공동 기자회견에서 한국 기자가 어렵게 질문 기회를 받았는데 '이번 국빈 방문에서 성과를 거뒀다고 결론을 내리고, 국민에게 어떤 영향이 있을까'라는 질문으로 소중한 질문 기회를 날렸다. 그 이후 단독 타이틀을 달고 〈바이든 부부와 전생에 인연이 있는 듯〉이라는 기사들이 나왔다.", "대통령실이 국무회의 모두발언을 생중계해 달라고 계속 방송사에 요청한다. 방송사는 불편한 관계를 맺길 원하지 않아 정기 편성을 변경하는데, 모든 방송사가 KTV처럼 대통령의 모두 발언을 방송하는 게 정상적인지 잘 모르겠다."

다.

18세기 영국에서 국왕을 모욕한 글을 게재했다는 이유로 오랜 법정 투쟁을 벌여야 했던 존 윌크스(1725-1797). 존 윌크스John Wilkes는 18세기 영국에서 표현의 자유를 수호한 주요 인물로서 큰 기여를 했다. 윌크스는 이 과정에서 정부의 검열과 억압에 맞서 싸우며, 언론과 출판의 자유를 강력히 옹호했다. 그의 투쟁은 지금은 당연하게 여기는 의회의 활동에 대한 언론의 자유로운 보도 권리를 확보하는 데 기여했다.

18세기 프랑스에서는 잘 알려진 대로 볼테르Voltaire의 불굴의 자유사상 전파가 있었다. "나는 모든 너의 말에 동의하지 않는다. 그러나 그렇게 말할 수 있는 너의 권리를 위하여 죽을 때까지 싸울 것이다"라는 볼테르의 유명한 언명은 실제로 삶에서 실천되었다. 그는 생애 많은 시간 동안 자신의 저술들이 금지된 고국을 떠나 망명생활로 보냈다. 망명과 검열 속에서도 그의 팸플릿의 불법 인쇄본은 수천 부가 팔렸다. 가장 잘 알려진 작품인 철학 소설 《캉디드Candide》는 유럽의 모든 문학 살롱에서 읽혀졌다. 프랑스는 볼테르를 막을 수 있었지만, 그의 사상을 막을 수는 없었다.(Hargreaves, 2002, 300-301)

5 언론 자유와 공정 보도의 조건

1) '언론자유'를 위한 기자들의 삶의 조건

한나 아렌트의 〈인간의 조건〉: '노동', '작업', '행위'

한국언론의 권력과 시장, 기술에 의한 포획 현상이 상당한 진실성을 가지고 있다면, 한국언론은 자유로운 언론활동을 하고 있다고 말할 수 있을까? 권력과 시장, 기술의 포획 조건에서 지금 한국 기자들은 무엇을 하고 있는가? 이 질문은 바로 한나 아렌트(Hanna Arendt, 1958)가 《인간의 조건》에서 제기한 '인간은 무엇을 하고 있는가?'라는 질문에 상응하는 것이다. 아렌트의 《인간의 조건》은 인간이 주어진 생태계의 제약 조건에서 무슨 활동을 하고 있는지, 다시 말해 무엇으로 살아가고 있는지에 관한 실존양태에 관한 질문을 던지고 있다고 할 수 있다.[32]

아렌트는 탄생과 사멸성, 세계성, 지구 등 여러 실존조건 속에서 살아가는 인간의 삶의 활동을 '노동Labour, Arbeiten'과 '작업Work, Herstellen', '행위Action, Handeln'로 나누어 설명한다.

32 아렌트의 인간의 조건(human condition)은 인간이 지구 위에서 실존하는 데 필요한 근본조건을 의미한다. 인간은 삶 자체, 탄생과 사멸성, 세계성, 다수성 그리고 지구 등 여러 조건 속에서 살아가는데, 이러한 인간의 조건은 우리의 삶과 지속적인 관계를 가지는 실존조건이다. 아렌트는 이 개념으로 인간은 근본적으로 "조건에 의해 제한된 존재"(conditioned beings)라는 사실을 강조한다. 전통철학이 "나는 무엇인가?"라는 물음으로 인간을 다른동물과 구별해주는 '인간본성'(human nature)을 알고자 했다면, 아렌트는 '인간의 조건' 이라는 개념으로 "나는 누구인가?", "인간은 무엇을 하고 있는가"라는 물음에 답하고자 한다(Arendt, 1958, 73-90, 450 참조).

'노동'은 지구 자연의 조건에서 동물로서 종족보존과 생존을 위해 인간이 생물학적 삶을 위하여, 즉 먹고 살기 위해서, 밥벌이로 하는 활동 등을 의미한다. '작업'은 인공 세계를 조건으로 인간이 지상에 건축물이나 사회적 제도, 문화물 등을 만드는 활동을 말한다. 기사를 쓰고 뉴스를 제작하고 유통하는 일은 '노동'에 해당한다. '행위'는 사물이나 물질의 매개 없이 사람들 사이에서 직접적으로 이루어지는 자유로운 활동을 말한다. 자유로운 토론이 이뤄지는 정치 행위와 언론 행위는 '행위Action'이다.

'언론 영역'을 잃고 난민이 된 언론 '노동자'

그렇다면, 권력과 시장, 포털에 포획된 한국언론의 활동은 아렌트의 '노동', '작업', '행위' 가운데 어떤 범주의 활동을 하고 있는가? 한나 아렌트의 《인간의 조건》 이론을 언론에 적용한 김상호(2021, 73)는 "취재에 의한 원천 기사는 없고 끝없이 복제되는 기사들을 만들어내는 곳"에서는 기자들의 자유로운 언론행위는 고사하고 사회와 세계의 유지를 위한 좋은 기사 작업에도 미치지 못하는, 삶을 유지하는 수단으로서 기자들의 '노동'만 존재한다고 진단한 바 있다.

특히, 포털플랫폼에 포획된 한국 언론은 언론의 고유한 영토, 영역jurisdiction을 잃고 난민 신세에 놓여 있다. 아렌트의 설명에 의하면, 자유로운 (정치)행위를 하기 위해서는 행위의 조건인 (영주, 귀족 계급 등이 활동하는) 폴리스-정치, 또는 공론장이 있어야 하는데, 포털은 공론장이 되지 못하고 뉴스 상품이 거래되는 사적 영역이기 때문일 것이다.[33] 비유적으로, 공론장이 아닌 포털에서 활동하는 기자들은 사명감과 용기를 가지고 정치 행위를 하는 귀족이나 영주라기 보다는 밥벌이를 위해서 포털에서 소비되는 뉴스 상품을 생산하는 노예적 존재[34]로 전락했다고 볼 수 있을 것이다. 지금 한국 언론의 가장 중요한 과제는 언론인이 자유로운 언론 행위action를 수행할 수 있는 고유의 '언론 영역'의 회복이다.

2) 언론의 공정성과 성찰적 지성

정파적 공격과 탄압의 도구가 된 '공정성'

언론의 공정성은 합의된 개념적 정의도 없고, 여전히 논쟁이 분분한 분야이다. 공정성 논의 자체의 효용성에 대해 의문을 제기하는 사람도 있다.[35] 공정성이 정치권력의 언론탄압의 도구가 되

---

33 한나 아렌트의 공론 영역과 사적 영역에 대한 설명은 아렌트의 〈인간의 조건〉 2장 참조(Arendt, 1958, pp. 91-154).

34 한나 아렌트의 '노예'와 '노예성'은 신분이나 계급을 지칭하는 것이 아니라, 자유로운 정치 행위를 위해 생명을 버릴 용기를 가지지 못하고 삶에 연연하는 삶의 실존양태를 의미한다고 할 수 있다. "정치 영역에 들어가고자 하는 사람은 누구나 우선 자기 생명을 버릴 준비가 되어야 한다. 생명에 대한 지나친 사랑은 자유에 방해가 되고 이는 동시에 노예성의 확실한 표시다" (Hanna Arendt, 1958, 107). 이는 정치권력의 핍박에 저항하여 목숨 걸고 언론자유운동을 실천하는 기자들의 삶과 불명예와 수치를 감내하면서 그저 밥벌이를 위해서 '어뷰징' 뉴스 상품을 만들어 내는 기자들의 삶의 양태를 대비할 수 있겠다.

35 일부 논자들은 미국 언론의 저널리즘 교과서가 되다시피한 '저널리즘의 기본 원칙'(Rosenstiel, Tom and Bill Kovach, 2007)에서 공정성(fairness)을 기본 요소(element)에 포함시키지 않은 사실을 들어, 언론의 공정성은 개념 정의하기 어렵고 논란만 불러 일으킬 소지가 많다는 이유로 중요한 요소로 취급하지 않기도 한다. 그러나 언론자유와 의견의 다양성이 풍성한 미국 사회 환경과 다른 한국 사회의 공론장 문제, 그리고 자주 언론의 공정성 문제가 사회문제가 되는 한국 사회의 현실을 감안하면, 공정성은 저널리즘의 중요한 실행원칙으로 논의할 필요가 있을 것이다. 다만, 공정성은 윤리적 실천으로 달성되는 것이지 법적 규제를 통한 달성은 한계가 분명하다는 점에 유의할 필요가 있다.

기도 한다. 가령 방송통심의위원회가 비판적인 언론에 대해 공정성 평가를 실시하여 (객관적인 근거도 제시하지 못한 채) '방송법과 방송심의 규정상의 공정성을 위배했다'며 제재를 가하여 해당 방송사들과 갈등을 빚어 왔다. 법원은 이와 같은 국가행정기관에 의한 언론 공정성 심의가 헌법 제21조 표현의 자유 조항의 제한 범위를 벗어난 위헌 소지가 있다며 관련 소송에서 거의 방심위 패소 판결을 내리고 있다.

정파적 공격보도가 '공정 보도'로 둔갑하기도 한다. 분열과 혐오의 정파적 정치구조의 한가운데에 놓인 정파적 언론들이 사실과 근거에 기반하지 않은 반대편 정파에 대한 공격 보도를 언론의 정의롭고 공정한 보도, 언론의 권력 감시 기능과 혼동하는 현상이 빈번하게 발생하고 있다.

타인의 언론자유를 배려하는 언론 공정성

언론의 공정성은 무엇인가? 이에 대한 정답은 없다. 최소한 민주주의 사회에서 누구도 '언론의 공정성은 이것이다'라고 직접적으로 정의 내리고 그것을 강제 시행할 권리를 가지고 있지 않다.[36] 국가기관이든 언론이든 누구도 공정성의 정의를 내리는 권한이 없을 뿐만 아니라, 정의할 수 있는 능력을 가지고 있지 못하다.

36 윤석열 정부에서 방송통신심의위원회의 공정성 심의가 정파적, 과잉, 자의적 심의의 문제를 일으키는 것은 바로 방심위가 공정성을 자의적으로 정의내리고 위반 판정과 제재를 가하기 때문이다. 윤 정부에서 방심위의 공정성 심의 결과는 헌법 제21조 표현의 자유에 근거하여 판결을 내리는 법원에 의해 잇따라 위헌성 판정을 받았다.

언론의 공정성은 언론이 표현의 자유에 관한 헌법적 가치를 구현하는 과정에서 발생하는 법과 윤리적 문제라고 할 수 있다.

헌법 제21조 (언론, 출판, 집회, 결사의 자유) 등이 보호하고 있는 언론의 자유는 ① 언론이 국가권력과 사회세력으로부터 독립된 상태에서 언론이 자율적으로 헌법상의 표현의 자유를 구현할 주관적 기본권적 자유와 ② 언론이 국민의 여론 형성과 의사 표현의 자유에 기여하는 사회적 자유, 즉 국민의 표현의 자유를 고려하는 언론의 윤리적 책무 범주로 나눌 수 있다.[표 7]

언론의 공정성은 반드시 양적 균형을 요구하는 것이 아니며, 오히려 언론이 다른 의견을 가진 개인이나 집단의 의사 표현의 자유와 국민의 다양한 여론 형성에 기여하는 언론의 사회적 윤리적 책무에 가깝다. 따라서 완전한 공정 보도는 있을 수 없으며 대신 편파적이지 않은 것을 추구하는 것이 언론의 공정성이라고 할 수 있다.[37] 영국 BBC의 공정성 원칙인 '적절한 불편부당성Due Impartiality'도 같은 원리로, 지나치게 치우침이 없고 소수의견들의 표현의 자유를 보호하며 여론의 다양성 추구를 목표로 하고 있다.

---

37 공정성 심의에 관한 법원의 판결도 다른 의견을 가진 시청자에게 접근 가능한 방송 기회의 보장을 공정성에 가까운 개념으로 본다. "역사 다큐멘터리의 경우에는 방송의 균형성을 선거방송이나 보도방송과 같이 한 프로그램 내에서 다양한 의견이나 관점에 대해 각각 동등한 정도의 기회를 기계적으로 제공해야 하는 것으로 이해하여서는 아니 되며, 이 사건의 방송이 시청자 제작 프로그램인 점을 감안하면 다른 의견을 가진 시청자에게 접근 가능한 방송 기회가 보장되는 것으로 충분하다."[대법원 2019. 11. 21. 선고 2015두49474 전원합의체 판결. (RTV의 '백년전쟁')].

언론의 정의로운 보도의 경우도, 완벽한 정의를 상정하게 되면 언론이 독선에 빠질 수 있으므로 주의해야 한다. 완벽한 정의는 없다. 언론과 사회가 부정의하고 불공정한 것을 시정해 나갈 때 보다 정의로운 사회를 이룰 수 있을 뿐이다.

[표 7] 언론자유 기본권의 범주와 언론의 책무, 언론자유 규제의 원칙

	주관적 기본권(표현의 자유)	기능적 기본권(공정성 책무)
언론의 자유	· 국가권력과 사회세력으로 부터 독립된 언론의 표현의 자유 · 언론의 자기결정과 인격권 발현	· 국민의 여론 형성과 의사 표현의 자유에 기여하는 사회적 자유 · 국민의 표현의 자유 고려하는 언론의 윤리적 책무
언론 자유 규제 원칙	· 국가의 언론보도 내용 개입 최대 자제 · 위법 위해한 내용 한정 최소 규제 · 자율 규제	· 의견의 다양성 여론 형성 보장 규제 · 내용 중립적 규제, 구조적 규제

출처: 최영재 (2024)에서 수정 보완

자유와 공정을 위한 성찰적 지성

성찰적 지성이 편향되기 쉬운 언론의 독단과 내로남불로부터 자유롭게 한다.

성찰적 지성intellectual은 기자가 불완전한 이성의 한계를 자각하고 독단에 빠지지 않는 태도를 말한다. 기자는 사실과 경험에 기반하여 자신의 생각과 믿음이 독단과 몽상으로 빠지지 않는지 항시적으로 성찰하는 태도를 가져야 한다.[38]

성찰적 지성은 절제와 중요의 미덕을 추구한다. 전능함과 완전

함을 추구하는 것이 공적, 사적 측면에서 인간의 많은 불행을 초래해 왔다. 완전한 자유, 완전한 민주주의는 현실에서 존재하지 않으며 완전함의 추구는 독재와 전제주의로 빠질 수 있다. 진정한 자유와 민주주의 추구 과정에서 필요한 것은 절제와 중용의 미덕이다.(Fukuyama, 2023)

성찰적 지성은 취약한 인간 존재의 부족함에 대해 성찰하고 완전함을 추구하지 않는 절제적 태도를 가지는 것을 말한다. “인간은 모두 취약한 존재이다. 자신이 타인의 도움을 필요로 하는 취약한 존재임을 인정하고, 전능함과 완전함을 추구하는 것이 공적, 사적 측면에서 인간의 많은 불행을 초래해 왔다는 점을 인식하고 이를 과도하게 추구하지 않는 사회 구성원이 자유롭고 행복한 삶을 살 수 있다.”[39] 지금 한국언론이 가장 필요로 하는 것은 성찰과 절제의 지성이다.

38 “불완전한 이성의 한계를 자각해야 한다. 이성의 한계는 경험이다. 이성이 경험을 넘어서면 필요 없는 사변에 빠질 수밖에 없고, 독단과 몽상으로 이어진다는 것이 흄 철학의 기초이다.”(Hume, 2005, 29).

39 “인간은 날 때부터 왕이거나, 영주이거나, 신하이거나, 부자가 아니다. 모든 사람은 벌거벗고 가난하게 태어나며, 삶의 비참함, 슬픔, 병듦, 곤란과 모든 종류의 고통을 겪게 마련이며, 종국에는 모두 죽게 된다.”(장 자크 루소, 〈에밀〉 4권) 인간을 사회적으로 만드는 것은 바로 이러한 인간의 연약함이며, 우리 마음을 인간애로 이끌고 가는 것은 우리들이 공유하는 비참함이다(Nussbaum, 2004, 42).

참고문헌

강명구. (2004). 《한국 언론의 구조변동과 언론전쟁》. *한국언론학보*, 48(5), pp. 319~348.

강원택. (2021). 《한국 정치의 위기와 대의민주주의》. *지식의 지평*. 30호, 73–86.

강형철. (2004). 《공영방송론: 한국의 사회변동과 공영방송》. 서울: 나남.

권남기. (2023). 《2023 당신의 회사는 안녕하실까요?》 *YTN. 방송기자*. 2023년 1·2월호 제70권. 809.

권혁용. (2023). 《한국의 민주주의 퇴행》. *한국정치학회보*. 57(1), 33–58.

김상유, 이준웅. (2017). 《경쟁적 정치와 후견 주의가 공영방송의 정치적 독립성에 미치는 영향》. *한국언론학보*. 61권6호. 2017. 7–36.

김상호. (2021). 《북리뷰: 〈인간의 조건〉 정치의 계절에 한나 아렌트를 다시 생각하는 이유》. *신문과 방송*. 2021년 10월호. 69~73.

김성재. (2024. 4. 1.). 언론 장악·탄압, 독재 시대로 퇴행. *민들레*. https://www.mindlenews.com/news/articleView.html?idxno=7786.

김승수. (2011). 《한국저널리즘의 위기와 대안》. *언론과학연구*, 11(3), 5–32.

김영희. (2019). 《언론인 박권상과 한국 현대언론》. 서울: 커뮤니케이션북스.

김인춘. (2020). 《북유럽 국가들의 민주주의와 "권력조사": 배경과 의의》. *스칸디나비아연구*. 26호. 105–145.

김재영. (2017. 12. 4.). [특집] MBC 몰락, 그 시작은 MB였다. *참여연대* https://www.peoplepower21.org/magazine/1540303.

김종인. (2020). 《영원한 권력은 없다》. 서울: 시공사.

______. (2022). 《왜 대통령은 실패하는가》. 파주: 21세기북스.

김주언. (2009). 《한국의 언론통제: 언론통제에 대한 마지막 기록이길 염원하며》. 서울: 리북.

김현철. (2018). 《법치주의의 이론과 실제: 최근 한국 헌정의 경험을 중심으로》. *국가법연구*. 14(3), 1–37.

노무현재단. (2019). 《운명이다: 노무현 자선전》. 서울: 돌베개.

노정팔. (1983). 《휴일 없는 메아리》. 한국교육출판.

노지민. (2023. 8. 8.). 정권의 방송장악, 문재인 정부가 더 심했다?. 미디어오늘. https://www.mediatoday.co.kr/news/articleView.html?idxno=311723.

대한민국언론인총연합회. (2023. 5. 11.). 문재인 · 윤석열의 '국정 1년'. 언론노조에게 '언론'을 묻는다. *더 퍼블릭*. https://www.thepublic.kr/news/articleView.html?idxno=103423.

문수현. (2023). 《독일현대정치사: 아데나워에서 메르켈까지, 기민련을 통해 본 정당국가 독일》. 고양: 역시비평사.

박복영. (2022. 5. 19.). 윤석열 대통령은 어떤 '자유'를 말하는가?. *한겨레신문*. 2022년 5월 19일. 27면 칼럼.

박상훈. (2018). 《청와대 정부》. 서울: 후마니타스.

박용규. (2005). 《미군정기 방송의 구조와 역할》. *한국언론학회* 광복60주년 기념 학술회의 발표논문집. 2005. 75-93.

서수민. (2023). 《해외 보도전문채널의 성과와 전망: 영미권 사례를 중심으로》. *한국언론학회*, 〈지속 가능한 저널리즘 생태계와 보도전문채널의 역할〉 특별 세미나발제문. 2023년 2월 6일.

손　열. (2021). 《대통령의 성공을 위한 세가지 조건. 〈EAI 워킹페이퍼: 2022 대통령의 성공조건 시리즈〉》. 동아시아연구원.

스기타 아쓰시. (2015). 《권력》[權力]. (이호윤 역). 서울: 푸른역사. (원본출판 2000).

신진욱. (2016). 《한국에서 결손 민주주의의 심화와 '촛불'의 시민정치》. *시민과 세계*. 29호. pp. 1~26.

신홍범. (2024. 3. 29.). [1974, 그 후 50년] 언론사로 돌아가지 못한 기자들 이야기. *기자협회보*. http://m.journalist.or.kr/m/m_article.html?no=55538.

심영섭. (2023). 《플랫폼 환경 변화와 보도전문채널의 가치 확립》. *한국방송학회* 2023봄철 정기학술대회, YTN특별세션. 2023년 4월 21일. 부산 경성대.

연합뉴스TV. (2010). 연합뉴스TV 허가 신청서. 연합뉴스 내부자료.

오동석. (1988). 《악법열전 한국 근현대사에 나타난 언론통제법의 본질과 사상》. *역사비평*. 1988년 겨울호. 통권5호. 290-310.

윤영호. (2022. 9. 13.). [윤영호의 런던아이] 엘리자베스 2세, 다스린다는 것은 무엇인가. *피렌체의 식탁* https://firenzedt.com/23727.

이규정. (2023). 《한국 언론의 위기와 민주주의》. *한국과 국제사회*. 7(3). 537-564.

이기범. (2017. 9. 22). “국정원 문건 실행된 MBC ‘피의 학살장’ 같았다”. *노동과 세계*. http://worknworld.kctu.org/news/articleView.html?idxno=246571.

이승원. (2020). 《“스펙터클로서의 촛불집회와 포스트민주주의 시대의 정치과제.”》. *황해문화* 제106호. 2020.

이재진, 이민주. (2004). 《1920년대 일제 ‘문화정치’ 시기의 법을 통한 언론통제의 특성에 대한 고찰》. *한국언론학보*. 제50권 1호. 221-251.

이창근. (2015). 《BBC 자율성의 제도적 기원: 공사(public corporation) 조직의 역사적 형성을 중심으로》. *방송문화연구* 제27권2호. 123-158.

이춘구. (2014). 《공영방송의 정치적 독립성에 관한 법적 연구》. *언론과 법*. 13권2호. 217-265.

이춘재. (2023. 6. 21.). ‘보수의 품격’ 짓밟는 최재해와 유병호. *한겨레신문* https://www.hani.co.kr/arti/opinion/column/1096816.html.

이춘재. (2023). 《검찰국가의 탄생: 검찰개혁은 왜 실패했는가?》. 서울: 서해문집.

이회창. (2017). 《이회창 회고록》. 서울: 김영사.

임영호. (2024. 8. 11.) 전진 언론인의 ‘변절’. *부산일보* https://www.busan.com/view/busan/view.php?code=2024081117544076342.

정용준. (2014). 《초창기 BBC의 공론장 기능에 대한 비판적 평가》. *언론정보연구*. 51권1호. 39-62.

조항제. (2014). 《한국 공영방송의 정체성》. 서울: 컬처룩.

______. (2023). 《공영방송의 정치적 독립을 위해 할 일》. *관훈저널*. 2023년 겨울호, 통권 제169호. 11-18.

조해수, 유지만, 공성윤. (2021. 4. 19.) 공공기관 ‘낙하산’ 245명, 연봉 182억원 챙겨. *시사저널* https://www.sisajournal.com/news/articleView.html?idxno=215504.

진홍순. (2014). 《영원한 KBS 사장 박권상》. *관훈저널*. 봄호 통권130호. 144-148.

차태서. (2021). 《“자유주의와 민주주의의 불화: 한국에서 포퓰리즘적 계기의 출현.”》. *정치정보연구*. 24집 3호, 139-170.

최승영. (2024. 6. 19.). 뉴스 이용 설문 응답자 39% “뉴스 피한다”... 역대 최고 (영국 로이터저널리즘 연구소 ‘디지털 뉴스리포트 2024’). *한국기자협회보* https://www.journalist.or.kr/m/m_article.html?no=5609.

최영재. (1993. 8. 31.). CATV 프로그램 공급업체 20개 발표, 오인환장관 1문1답. *연합통신*.

______. (2011). 《대통령 커뮤니케이션과 언론의 대통령 보도: 대통령 보도 60년 (1948년-2008년) 인터뷰와 내용분석》. *언론과학연구*. 11(3). 347-377.

______. (2014). 《“공영방송 보도국의 정파적 분열:민주화의 역설, 정치적 종속의 결과”》. *커뮤니케이션이론*. 10(4) 476-510.

______. (2020). 《한국 공영방송 지배구조의 정치적 독립성 연구-문재인 정부의 공영방송 개혁과제를 중심으로》. 언론과법. 19(3). 145-181.

______. (2022). 《포털뉴스생태계와 기자직종의 위기: 기자는 무엇을 하고 있는가》. *언론과 사회*. 30(3), 93-134.

______. (2023. 5. 19.). 《YTN의 공영적 정체성 위기와 대안적 거버넌스 모색》. *한국언론학회*. 2023년 봄철학술대회 발표논문. 2023년 5월 19일. 제주도 신화호텔.

______. (2024). 《한국방송심의 제도의 실패와 헌법적 정당성 개혁 방안》. *언론과 법*. 23(2) 1-46.

최장집. (2002, 2005). 《민주화 이후의 민주주의》. 서울: 후마니타스.

______. (2020). 《“다시 한국 민주주의를 생각한다: 위기와 대안.”》 *한국정치연구*. 29집 2호, 1-26.

최장집, 박상훈. (2010). 《민주화 이후의 민주주의》. 서울: 후마니타스.

최준영. (2021). 《협치의 관점에서 국회를 존중하라. 〈EAI 워킹페이퍼: 2022 대통령의 성공조건 시리즈〉》. 동아시아연구원.

한국기자협회. (2022. 1. 25). 호반은 이러려고 서울신문 인수했나. *한국기자협회*. http://journalist.or.kr/m/m_article.html?no=50928.

현소환. (2021). 《현소환 평전》. 서울: 기파랑.

황 근. (2022. 5. 24.). YTN·연합뉴스, 민영화 검토할 때. *미래한국*. https://www.futurekorea.co.kr/news/articleView.html?idxno=146526.

Acemoglu, Daron & Robinson, James A. (2013). *Why Nations Fail.* London, UK: Profile Books.

Altschull, Herbert J. (1991). 《지배권력과 제도언론》[*Agents of Powe: The Role of the News Media in Human Affirs*]. (강상현, 윤영철 역). 서울: 나남. (원본출판 1984).

Arendt, Hannnah. (2017, 2019). 《인간의 조건》[*The Human Condition*]. (이진우 역). 서울:한길사. (원본출판 1958).

Barber, J.D. (2020). *The Presidential Character: Predicting Performance in the White House (Updated ed.)*. New York: Routledge.

Bauer, Bob & Goldsmith, Jack. (2020). *After Trump: Reconstructing the Presidency*. Washington D.C.: Lawfare Press.

Berlin, Isaiah. (2019). 《이사야 벌린의 자유론》[*Liberty: Incorpating four essays on liberty*]. (박동천 역). 서울: 아카넷. (원본출판 1969).

Bermeo, Nancy. (2003). *Ordinary People in Extraordinary Times: The Citizenry and Collapse of Democracy*. Princeton University Press.

Buchanan, Bruce. (1987). *The Citizen's Presidency*. Washington D.C.: Congressional Quarterly Inc.

Dahl, Robert. (1989). 《민주주의와 그 비판자들》[*Democracy and Its Critics*]. (조기제 역). 문학과지성사. (원본출판 1999).

Edwards, G. C. III. (2009). *The Strategic President: Persuasion and Opportunity in Presidential Leadership*. Princeton University Press.

EIU (Economist Intelligence Unit). (2023). Democracy Index 2022.

Frankfurt, Harry G. (2023). 《개소리에 대하여》[*On Bullshit*]. *Princeton University Press.* (이윤 역). 필로소피.(원본출판 2005).

Fukuyama, F. (2023). 《자유주의와 그 불만》[*Liberalism and Its Discontents*]. (이상원 역). 서울: arte. (원본출판 2023).

Gilligan, James. (2023) 《왜 어떤 정치인은 다른 정치인 보다 위험한가》[*Why Some Politicians Are More Dangerous Than Others*]. (이희재 역,). 서울: 교양인. (원본출판 2011).

Grynbaum, M. M. & Hsu, T. (2020. 11. 5). *Major Networks Cut Away From Trump's Baseless Fraud Claims.* The New York Times. https://www.nytimes.com/2020/11/05/business/media/trump-tv.html.

Hallin, D. & Mancini, P.(2004), *Comparing media systems: Three models of media and politics.* Cambridge University Press.

Hanretty, C. (2009). *Explaining the de facto independence of public broadcasters.* British journal of political science, 40(1), 75-89.

Hargreaves, Robert. (2006). 《표현 자유의 역사》[*The First Freedom: A History of Free Speech*]. (오승훈 역). 시아출판사. (원본출판 2002).

Hofstadter, Richard. (2017).《미국의 반지성주의》[*Anti-intellectualism in American Life*]. (유강은 역). 서울: 교유서가. (원본출판 1963).

Hume, David. (2005). 《인간 본성에 관한 논고.》 (이준호 저, 역). 〈데이비드 흄, 인간 본성에 관한 논고.[*A Treatise of Human Nature*] 살림. (원본출판 2005).

Krauss, Ellis S. (2000). *Broadcasting politics in Japan: NHK and television news*, Ithaca and London: Cornell University Press.

Levitsky, Steven & Ziblatt, Daniel. (2018). 《어떻게 민주주의는 무너지는가: 우리가 놓치는 민주주의 위기 신호》[*How Democracies Die*]. (박세연 역). 서울: 어크로스. (원본출판 2018).

Light, P. C. (1999). *The President's Agenda: Domestic Policy Choice from Kennedy to Clinton.* Baltimore: Johns Hopkins University Press.

Lin, B. & Lewis, S. C. (2022). *The one thing journalistic AI just might do for democracy. Digital journalism,* 10(10), 1627~1649.

Lynch, Michael. (2020).《우리는 맞고 너희는 틀렸다: 똑똑한 사람들은 왜 민주주의에 해로운가》[*Know It All Society: Truth and Arrogance in Political Culture*]. (성원 역). 서울: 메디치. (원본출판 2019).

Machiavelli, Niccolo. (1976). *The Crown. Indianapolis,* IN: Hackett Publishing Company.

Mouffe, Chantal. (2006). 《민주주의의 역설》[*The Democratic Paradox*]. (이행 역). 서울: 인간사랑. (원본출판 2000).

Mudde, Cas & Cristóbal Rovira Kaltwasser. (2019). 《포퓰리즘》[*Populism*]. (이재만 역). 파주: 교유서가. (원본출판 2017).

Nechushtai, E. (2018). *Could digital platforms capture the media through infrastructure?* Journalism, 19(8), 1043-1058. https://doi.org/10.1177/1464884917725163.

Neustadt, Richard E. (2014). 《대통령의 권력》[*Presidential Power and the Modern Presidents: The Politics of Leadership*]. (박병석 역). 서울: 다비치. (원본출판 1990).

Nielsen, R. K. (2017). '*The One Thing Journalism Just Might Do for Democracy: counterfactual idealism, liberal optimism, democratic realism.* Journalism Studies 18 (1 O): 1251 - 1262.

Nussbaum, Martha Craven. (2015). 《혐오와 수치심》[*Hiding from Humanity: Disgust, Shame, and the Law*]. (조계원 역). Princeton University Press. . 민음사. (원본출판 2004).

Nye, Joseph S. (2015). 《미 대통령 리더십과 미국시대의 창조. 고양: 인간사랑》[*Presidential Leadership and the Creation of the American Era*]. (박광철, 구용회 역). (원본출판 2013).

Schattschneider Elmer E. (2008). 《절반의 인민주권》[*The Semisoverign People*]. (현재호, 박수형 역). 서울: 후마니타스. (원본출판 1960).

Schudson, Michael. (2008). *Why Democracies Need an Unlovable Press*. Cambridge, UK: Polity.

Smithey, L. A. & d Kurtz, L. R. (2018). "Smart" Repression. in *The Paradox of Repression and Nonviolent Movements*, edited by Lester R. Kurtz and Lee A. Smithey. Syracuse, NY: Syracuse University Press.

Towle, Michael J. (2004). *Out of Touch: the Presidency and Public Opinion*. College Sation, TX: Texas A&M University Press.

Tusa, John. (2003. 7. 22.). Don't attack the BBC - *you can't win. 〈the Guardian〉* https://www.theguardian.com/politics/2003/jul/22/media.bbc.

van Dijck, J., Poell, T., & Waal, M. de. (2018). *The platform society: Public values in a connective world,* New York, NY: Oxford University Press.

V-Dem Institute. (2024). Democracy Report 2024.

Weber, Max. (2017). 《직업으로서의 정치》[*Politik als Beruf*]. (이상률 역). 문예출판사.

YTN(1993). 연합TV뉴스 허가 신청서. YTN 내부자료.